KB213584

하이델베르크 요리문답

하이델베르크 요리문답

옮긴이 · 독립개신교회 교육위원회
펴낸이 · 홍승민
초판 발행 · 2004년 4월 19일
초판 23쇄 · 2024년 1월 30일

펴낸곳 · 성약출판사
등록 · 제3-607호
주소 · 서울시 용산구 한강대로 104길 14 (우 04334)
전화 · 02-754-8319
팩스 · 02-775-4063
홈페이지 · http://sybook.org
이메일 · sybookpub@gmail.com

값 8,000원
잘못된 책은 바꾸어 드립니다

ISBN 978-89-7040-301-4
ISBN 978-89-7040-911-5 (세트)

The Heidelberg Catechism
translated by the Educational Committee of the Independent Reformed Church

Sungyak Press

Printed in Korea

성약 출판사는 역사적인 개혁 신앙과 그 신학을 오늘날 이어받고 전파하며 전수하는 일에
작은 도움이라도 되기 위하여 서적을 출판하고 있습니다.

하이델베르크 요리문답

성약

서 문

하이델베르크 요리문답은 16세기에 독일의 선제후령(選帝侯領) 팔쯔(Pfalz)에서 종교개혁이 진행되면서 작성된 신앙고백서이며(1563년), 이 요리문답의 이름도 팔쯔의 수도인 하이델베르크에서 나왔다.

팔쯔의 통치자이자 신성로마제국의 선제후였던 프리드리히 3세(Friedrich III)는 자신이 다스리고 있던 지역에서 교인들의 무지를 씻어내고 좀 더 성경적인 신앙고백으로 신앙과 신학의 통일을 이루기 위해 위원회를 조직하여 새로운 요리문답을 작성하도록 했다. 이 위원회는 신학교 교수단과 교회의 감독들과 목사들로 구성되었는데, 여기에서 우르시누스(Zacharias Ursinus)와 올레비아누스(Caspar Olevianus)가 중요한 역할을 했다고 알려져 있다. 두 사람은 개혁 신앙을 지닌 종교개혁의 2세대 신학자로서 종교개혁의 풍성한 신앙 내용을 이 요리문답에 집약시켰다.

위원회가 작성한 요리문답은 하이델베르크 총회에서 채택되었고, 1563년 1월 19일 프리드리히 3세의 서문과 함께 독일어로 출판되었다. 이 요리문답은 큰 호응을 얻어서 같은 해에 약간의 수정을 거치면서 3판까지 간행되었다. 또한 라틴어로도 번역되어 대학의 교재로 사용되었으며, 다른 나라의 교회들에서도 자국어로 번역하여 그 교회의 신앙고백으로 채택했다.

하이델베르크 요리문답은 요리문답반의 교재와 주일 오후 예배의 설교

본문으로 사용되었다. 고대 교회에서부터 세례나 성찬을 준비하는 사람들에게 사도신경과 십계명과 주기도문을 가르치는 전통이 있었는데, 하이델베르크 요리문답도 이 전통을 따라서 세 문서를 요리문답의 형식으로 해설하여 가르쳤다. 요리문답을 52주로 나누어서 주일 오후 예배에서 설교한 것은 새로운 발전이라고 할 수 있다. 하이델베르크 요리문답을 택한 개혁교회에서는 주일 아침에 성경 본문으로 설교하고 오후에는 요리문답 설교를 하는 전통이 형성되었는데, 이것은 성경의 교훈을 잘 요약한 요리문답을 설교하는 것이 목사 개인의 한계와 성향에 제한되지 않고 하나님의 말씀의 모든 부분을 고루 전하는 효과적인 방법임이 입증되었기 때문이다.

요리문답 설교에 대한 반대가 전혀 없었던 것은 아니다. 특히 17세기에 아르미니우스주의자들은 '오직 성경' 을 주장하며 요리문답 설교를 비판했다. 그러나 이것은 요리문답이 성경의 교훈을 요약한 신앙고백이라는 사실을 의도적으로 무시한 것이었고, 사실은 자신들의 비성경적인 주장을 감추기 위한 것이었다. 도르트 대회(1618-19)에서는 아르미니우스주의의 오류를 성경적으로 반박했을 뿐 아니라 요리문답 설교의 타당성도 확정했다. 바른 고백으로 교회가 통일되기 때문에 하이델베르크 요리문답은 네덜란드 신앙고백서(1561), 도르트 신조와 더불어 '하나 되는 세 고백서' (Three Forms of Unity)라 불린다.

종교개혁 당시에 작성된 요리문답들이 많이 있지만, 하이델베르크 요리문답은 17세기에 작성된 웨스트민스터 소요리문답과 더불어 가장 뛰어난 요리문답으로 인정되고 있다. 작성된 지 수백 년이 지난 문서이지만, 하이델베르크 요리문답은 여전히 주님의 손에 들려서 오늘날도 하나님의 백성들을 풍부하고 실제적인 진리로 가르치고 있으며 교회를 진리 안에서 통일시키는 일을 하고 있다.

독립개신교회는 교회 설립 초기부터 웨스트민스터 표준 문서, 도르트 신조와 더불어 하이델베르크 요리문답을 교회의 고백으로 받아들이고 그 토대 위에서 가르치며 전진하고 있다. 교회의 진행과 함께 하이델베르크 요리문답을 번역할 필요가 있어서 독립개신교회의 목사들은 1998년 초부터 번역을 시작하여 1999년 5월에 초고를 완성했다. 그 후 독립개신교회의 각 교회들은 초고를 사용하여 공부해 왔고, 이제 5년의 수정을 거쳐 독립개신교회의 신앙고백으로 확정 · 공표한다.

주께서 독일의 한 경건한 제후의 소원을 들으시고 성경의 교훈을 잘 요약한 이 신앙고백을 통해 주의 백성들을 가르치고 진리 안에서 통일시키셨듯이, 교회적으로 번역된 이 문서도 이제 주님의 손에 들려서 살아 있는 신앙고백으로서 교회들을 참된 믿음으로 통일시키시는 데 사용되기를 주님께 간절히 기도한다.

2004년 4월 11일 부활절

독립개신교회 교육위원회

번역 원칙

하이델베르크 요리문답을 우리말로 번역할 때 다음과 같은 원칙을 따랐다.

1. 신앙고백서는 성경의 교훈을 요약하여 반복하는 것이므로 성경의 교훈에 주의를 기울여 번역하고, 현재 사용하고 있는 한글 개역 성경의 표현을 존중한다.[1)]
2. 요리문답은 교회의 신앙고백이기 때문에 그동안 역대의 교회들에서 사용한 증거 성구를 철저히 검토하고 필요한 경우는 우리 교회에서 새로운 증거 성구를 첨가하여 요리문답의 의미를 더 밝힌다.
3. 어린이들도 쉽게 이해할 수 있는 현대 구어체로 품위 있게 번역하여 내용을 정확하고 명료하게 전달한다.
4. 독일어판과 라틴어판은 모두 공인 본문으로 인정되고 있으나 표현이 더러 일치하지 않는 경우가 있는데, 그러한 경우에는 위의 원칙들에 따라 결정하되 초판본인 독일어판을 존중하고, 요리문답이 사용된 역사(歷史)도 중요하게 생각한다.[2)]
5. 교회에서 함께 낭독하거나 암송하는 실제적인 필요에 부응하기 위해서 의미 단위로 줄을 바꾸어 편집한다.

---

1) "개역 한글판 성경전서" (1961년 대한성서공회 발행)에 따르면 성삼위의 한 위(位)의 성호(聖號)인 '성신' (聖神)은 구약전서에만 보존되고 신약전서에서는 '성령' (聖靈)으로 바뀌었다. 이 책에서는 구역(舊譯)에 사용되었고 개역(改譯)의 구약전서에 보존되어 있으며 한국 교회에서 60년대까지 널리 사용되던 성호인 '성신' 을 사용했다. 다만 증거 성구들은 "개역 한글판 성경전서"를 따라 그대로 표기했다. 요리문답 본문에 나오는 '성신' 을 '성령' 으로 고쳐 읽는 것은 독자의 자유이다.

2) 요리문답 번역에 사용한 공인 본문들은 다음의 책을 기준으로 했다. J.N. Bakhuizen van den Brink, *De Nederlandse Belijdenisgeschriften* (2판. Amsterdam: Uitgeverij ton Rolland, 1976).
또한 요리문답이 사용된 역사(歷史)를 존중한다는 원칙 아래 여러 개혁교회들에서 사용하는 본문들과 증거 성구들을 비교하며 검토했다. 10여 개의 번역들을 검토했는데, 특히 화란개혁교회(De Gereformeerde Kerken in Nederland [Vrijgemaakt], *Gereformeerd Kerkboek*, 1986)와 캐나다개혁교회(the Canadian Reformed Churches, *Book of Praise*, 1984)의 판본에서 도움을 받았다.

목 차

제1주일

1문 : 살아서나 죽어서나
당신의 유일한 위로는 무엇입니까?

답 : 살아서나 죽어서나[1]
나는 나의 것이 아니요,[2]
몸도 영혼도
나의 신실한 구주 예수 그리스도의 것입니다.[3]
그리스도께서는
그의 보혈로 나의 모든 죗값을 완전히 치르고[4]
나를 마귀의 모든 권세에서 해방하셨습니다.[5]
또한 하늘에 계신 나의 아버지의 뜻이 아니면
머리털 하나도 땅에 떨어지지 않도록[6]
나를 보호하시며,[7]
참으로 모든 것이 합력하여
나의 구원을 이루도록 하십니다.[8]
그러하므로 그의 성신으로
그분은 나에게 영생을 확신시켜 주시고,[9]
이제부터는 마음을 다하여
즐거이 그리고 신속히
그를 위해 살도록 하십니다.[10]

2문 : 이러한 위로 가운데
복된 인생으로 살고 죽기 위해서
당신은 무엇을 알아야 합니까?

답 : 다음의 세 부분을 알아야 합니다.[11]
첫째, 나의 죄와 비참함이 얼마나 큰가,[12]
둘째, 나의 모든 죄와 비참함으로부터

어떻게 구원을 받는가,[13]
셋째, 그러한 구원을 주신 하나님께
어떻게 감사를 드려야 하는가를 알아야 합니다.[14]

1 **롬** 14:8

우리가 살아도 주를 위하여 살고 죽어도 주를 위하여 죽나니 그러므로 사나 죽으나 우리가 주의 것이로라.

살전 5:9-10

하나님이 우리를 세우심은 노하심에 이르게 하심이 아니요 오직 우리 주 예수 그리스도로 말미암아 구원을 얻게 하신 것이라. [10]예수께서 우리를 위하여 죽으사 우리로 하여금 깨든지 자든지 자기와 함께 살게 하려 하셨느니라.

2 **고전** 6:19-20

너희 몸은 너희가 하나님께로부터 받은 바 너희 가운데 계신 성령의 전(殿)인 줄을 알지 못하느냐? 너희는 너희의 것이 아니라 [20]값으로 산 것이 되었으니 그런즉 너희 몸으로 하나님께 영광을 돌리라.

3 **고전** 3:23

너희는 그리스도의 것이요 그리스도는 하나님의 것이니라.

딛 2:14

그가 우리를 대신하여 자신을 주심은 모든 불법에서 우리를 구속(救贖)하시고 우리를 깨끗하게 하사 선한 일에 열심하는 친 백성이 되게 하려 하심이니라.

4 **벧전** 1:18-19

너희가 알거니와 너희 조상의 유전한 망령된 행실에서 구속(救贖)된 것은 은이나 금같이 없어질 것으로 한 것이 아니요 [19]오직 흠 없고 점 없는 어린양 같은 그리스도의 보배로운 피로 한 것이니라.

요일 1:7

저가 빛 가운데 계신 것같이 우리도 빛 가운데 행하면 우리가 서로 사귐이 있고 그 아들 예수의 피가 우리를 모든 죄에서 깨끗하게 하실 것이요.

요일 2:2, 12

저는 우리 죄를 위한 화목제물이니 우리만 위할 뿐 아니요 온 세상의 죄를 위하심이라. [12]자녀들아 내가 너희에게 쓰는 것은 너희 죄가 그의 이름으로 말미암아 사함을 얻음이요.

5 **요** 8:34-36

예수께서 대답하시되 진실로 진실로 너희에게 이르노니 죄를 범하는 자마다 죄의 종이라. [35]종은 영원히 집에 거하지 못하되 아들은 영원히 거하나니 [36]그러므로 아들이 너희를 자유케 하면 너희가 참으로 자유하리라.

히 2:14-15

자녀들은 혈육에 함께 속하였으매 그도 또한 한 모양으로 혈육에 함께 속하심은 사망으로 말미암아 사망의 세력을 잡은 자 곧 마귀를 없이하시며 [15]또 죽기를 무서워하므로 일생에 매여 종노릇하는 모든 자들을 놓아주려 하심이니.

요일 3:8

죄를 짓는 자는 마귀에게 속하나니 마귀는 처음부터 범죄함이니라. 하나님의 아들이 나타나신 것은 마귀의 일을 멸하려 하심이니라.

6 **마** 10:29-30

참새 두 마리가 한 앗사리온에 팔리는 것이 아니냐? 그러나 너희 아버지께서 허락지 아니하시면 그 하나라도 땅에 떨어지지 아니하리라. [30]너희에게는 머리털까지 다 세신 바 되었나니.

눅 21:18

너희 머리털 하나도 상치 아니하리라.

7 **요 6:39**

나를 보내신 이의 뜻을 행하려 함이니라. 나를 보내신 이의 뜻은 내게 주신 자 중에 내가 하나도 잃어버리지 아니하고 마지막 날에 다시 살리는 이것이니라.

요 10:27-30

내 양은 내 음성을 들으며 나는 저희를 알며 저희는 나를 따르느니라. [28]내가 저희에게 영생을 주노니 영원히 멸망치 아니할 터이요 또 저희를 내 손에서 빼앗을 자가 없느니라. [29]저희를 주신 내 아버지는 만유보다 크시매 아무도 아버지 손에서 빼앗을 수 없느니라. [30]나와 아버지는 하나이니라 하신대.

살후 3:3

주는 미쁘사 너희를 굳게 하시고 악한 자에게서 지키시리라.

벧전 1:5

너희가 말세에 나타내기로 예비하신 구원을 얻기 위하여 믿음으로 말미암아 하나님의 능력으로 보호하심을 입었나니.

8 **롬 8:28**

우리가 알거니와 하나님을 사랑하는 자 곧 그 뜻대로 부르심을 입은 자들에게는 모든 것이 합력하여 선을 이루느니라.

9 **롬 8:16**

성령이 친히 우리 영으로 더불어 우리가 하나님의 자녀인 것을 증거하시나니.

고후 1:22

저가 또한 우리에게 인 치시고 보증으로 성령을 우리 마음에 주셨느니라.

고후 5:5

곧 이것을 우리에게 이루게 하시고 보증으로 성령을 우리에게 주신 이는 하나님이시니라.

엡 1:13-14

그 안에서 너희도 진리의 말씀 곧 너희의 구원의 복음을 듣고 그 안에서 또한 믿어 약속의 성령으로 인 치심을 받았으니 [14]이는 우리의 기업에 보증이 되사 그 얻으신 것을 구속(救贖)하시고 그의 영광을 찬미하게 하려 하심이라.

10 **겔 36:26-27**

또 새 영을 너희 속에 두고 새 마음을 너희에게 주되 너희 육신에서 굳은 마음을 제하고 부드러운 마음을 줄 것이며 [27]또 내 신(神)을 너희 속에 두어 너희로 내 율례를 행하게 하리니 너희가 내 규례를 지켜 행할지라.

롬 8:14

무릇 하나님의 영으로 인도함을 받는 그들은 곧 하나님의 아들이라.

고후 3:6, 18

저가 또 우리로 새 언약의 일꾼 되기에 만족케 하셨으니 의문(儀文)으로 하지 아니하고 오직 영으로 함이니 의문은 죽이는 것이요 영은 살리는 것임이니라. [18]우리가 다 수건을 벗은 얼굴로 거울을 보는 것같이 주의 영광을 보매 저와 같은 형상으로 화하여 영광으로 영광에 이르니 곧 주의 영으로 말미암음이니라.

요일 3:3

주를 향하여 이 소망을 가진 자마다 그의 깨끗하심과 같이 자기를 깨끗하게 하느니라.

11 **마 11:28-30**

수고하고 무거운 짐 진 자들아 다 내게로 오라. 내가 너희를 쉬게 하리라. [29]나는 마음이 온유하고 겸손하니 나의 멍에를 메고 내게 배우라. 그러면 너희 마음이 쉼을 얻으리니 [30]이는 내 멍에는 쉽고 내 짐은 가벼움이라 하시니라.

엡 5:8

너희가 전에는 어두움이더니 이제는 주 안에서 빛이라. 빛의 자녀들처럼 행하라.

12 **마 9:12**

예수께서 들으시고 이르시되 건강한 자에게는 의원이 쓸데없고 병든 자에게라야 쓸데 있느니라.

요 9:41

예수께서 가라사대 너희가 소경 되었더면 죄가 없으려니와 본다고 하니 너희 죄가 그저 있느니라.

롬 3:9-10

그러면 어떠하뇨? 우리는 나으뇨? 결코 아니

라 유대인이나 헬라인이나 다 죄 아래 있다고 우리가 이미 선언하였느니라. [10]기록한 바 의인은 없나니 하나도 없으며.

요일 1:9-10

만일 우리가 우리 죄를 자백하면 저는 미쁘시고 의로우사 우리 죄를 사하시며 모든 불의에서 우리를 깨끗게 하실 것이요 [10]만일 우리가 범죄하지 아니하였다 하면 하나님을 거짓말하는 자로 만드는 것이니 또한 그의 말씀이 우리 속에 있지 아니하니라.

13 **눅** 24:46-47

또 이르시되 이같이 그리스도가 고난을 받고 제삼 일에 죽은 자 가운데서 살아날 것과 [47]또 그의 이름으로 죄 사함을 얻게 하는 회개가 예루살렘으로부터 시작하여 모든 족속에게 전파될 것이 기록되었으니.

요 17:3

영생은 곧 유일하신 참 하나님과 그의 보내신 자 예수 그리스도를 아는 것이니이다.

행 4:12

다른 이로서는 구원을 얻을 수 없나니 천하 인간에 구원을 얻을 만한 다른 이름을 우리에게 주신 일이 없음이니라 하였더라.

행 10:43

저에 대하여 모든 선지자도 증거하되 저를 믿는 사람들이 다 그 이름을 힘입어 죄 사함을 받는다 하였느니라.

고전 6:11

너희 중에 이와 같은 자들이 있더니 주 예수 그리스도의 이름과 우리 하나님의 성령 안에서 씻음과 거룩함과 의롭다 하심을 얻었느니라.

딛 3:3-7

우리도 전에는 어리석은 자요 순종치 아니한 자요 속은 자요 각색 정욕과 행락에 종노릇한 자요 악독과 투기로 지낸 자요 가증스러운 자요 피차 미워한 자이었으나 [4]우리 구주 하나님의 자비와 사람 사랑하심을 나타내실 때에 [5]우리를 구원하시되 우리의 행한 바 의로운 행위로 말미암지 아니하고 오직 그의 긍휼하심을 좇아 중생의 씻음과 성령의 새롭게 하심으로 하셨나니 [6]성령을 우리 구주 예수 그리스도로 말미암아 우리에게 풍성히 부어 주사 [7]우리로 저의 은혜를 힘입어 의롭다 하심을 얻어 영생의 소망을 따라 후사(後嗣)가 되게 하려 하심이라.

14 **시** 50:14-15

감사로 하나님께 제사를 드리며 지극히 높으신 자에게 네 서원을 갚으며 [15]환난 날에 나를 부르라. 내가 너를 건지리니 네가 나를 영화롭게 하리로다.

시 116:12-13

여호와께서 내게 주신 모든 은혜를 무엇으로 보답할꼬. [13]내가 구원의 잔을 들고 여호와의 이름을 부르며.

마 5:16

이같이 너희 빛을 사람 앞에 비취게 하여 저희로 너희 착한 행실을 보고 하늘에 계신 너희 아버지께 영광을 돌리게 하라.

롬 6:12-13

그러므로 너희는 죄로 너희 죽을 몸에 왕 노릇 하지 못하게 하여 몸의 사욕을 순종치 말고 [13]또한 너희 지체(肢體)를 불의의 병기로 죄에게 드리지 말고 오직 너희 자신을 죽은 자 가운데서 다시 산 자같이 하나님께 드리며 너희 지체를 의의 병기로 하나님께 드리라.

엡 5:10

주께 기쁘시게 할 것이 무엇인가 시험하여 보라.

딤후 2:15

네가 진리의 말씀을 옳게 분변하며 부끄러울 것이 없는 일꾼으로 인정된 자로 자신을 하나님 앞에 드리기를 힘쓰라.

벧전 2:9, 12

오직 너희는 택하신 족속이요 왕 같은 제사장들이요 거룩한 나라요 그의 소유 된 백성이니 이는 너희를 어두운 데서 불러내어 그의 기이한 빛에 들어가게 하신 자의 아름다운 덕을 선전하게 하려 하심이라. [12]너희가 이방인 중에서 행실을 선하게 가져 너희를 악행한다고 비방하는 자들로 하여금 너희 선한 일을 보고 권고(眷顧)하시는 날에 하나님께 영광을 돌리게 하려 함이라.

제1부 우리의 죄와 비참함에 관하여

제2주일

3문 : 당신의 죄와 비참함을 어디에서 압니까?

답 : 하나님의 율법에서
나의 죄와 비참함을 압니다.[1]

4문 : 하나님의 율법이
우리에게 요구하는 것은 무엇입니까?

답 : 그리스도는 마태복음 22장에서
이렇게 요약하여 가르치십니다.
"네 마음을 다하고 목숨을 다하고 뜻을 다하여
주 너의 하나님을 사랑하라 하셨으니
이것이 크고 첫째 되는 계명이요,
둘째는 그와 같으니
네 이웃을 네 몸과 같이 사랑하라 하셨으니,
이 두 계명이
온 율법과 선지자의 강령이니라" (마 22:37-40).[2]

5문 : 당신은 이 모든 것을 온전히 지킬 수 있습니까?

답 : 아닙니다.[3]
나에게는 본성적으로
하나님과 이웃을 미워하는 성향이 있습니다.[4]

1 **롬** 3:20

그러므로 율법의 행위로 그의 앞에 의롭다 하심을 얻을 육체가 없나니 율법으로는 죄를 깨달음이니라.

롬 7:7, 23-24

그런즉 우리가 무슨 말 하리요? 율법이 죄냐? 그럴 수 없느니라. 율법으로 말미암지 않고는 내가 죄를 알지 못하였으니 곧 율법이 탐내지 말라 하지 아니하였더면 내가 탐심을 알지 못하였으리라. [23]내 지체(肢體) 속에서 한 다른 법이 내 마음의 법과 싸워 내 지체 속에 있는 죄의 법 아래로 나를 사로잡아 오는 것을 보는도다. [24]오호라 나는 곤고한 사람이로다! 이 사망의 몸에서 누가 나를 건져 내랴?

2 **레** 19:18

원수를 갚지 말며 동포를 원망하지 말며 이웃 사랑하기를 네 몸과 같이 하라. 나는 여호와니라.

신 6:5

너는 마음을 다하고 성품을 다하고 힘을 다하여 네 하나님 여호와를 사랑하라.

막 12:30-31

네 마음을 다하고 목숨을 다하고 뜻을 다하고 힘을 다하여 주 너의 하나님을 사랑하라 하신 것이요 [31]둘째는 이것이니 네 이웃을 네 몸과 같이 사랑하라 하신 것이라. 이에서 더 큰 계명이 없느니라.

눅 10:27

대답하여 가로되 네 마음을 다하며 목숨을 다하며 힘을 다하며 뜻을 다하여 주 너의 하나님을 사랑하고 또한 네 이웃을 네 몸과 같이 사랑하라 하였나이다.

3 **롬** 3:10, 20, 23

기록한 바 의인은 없나니 하나도 없으며 [20]그러므로 율법의 행위로 그의 앞에 의롭다 하심을 얻을 육체가 없나니 율법으로는 죄를 깨달음이니라. [23]모든 사람이 죄를 범하였으매 하나님의 영광에 이르지 못하더니.

요일 1:8, 10

만일 우리가 죄 없다 하면 스스로 속이고 또 진리가 우리 속에 있지 아니할 것이요 [10]만일 우리가 범죄하지 아니하였다 하면 하나님을 거짓말하는 자로 만드는 것이니 또한 그의 말씀이 우리 속에 있지 아니하니라.

4 **창** 6:5

여호와께서 사람의 죄악이 세상에 관영(貫盈)함과 그 마음의 생각의 모든 계획이 항상 악할 뿐임을 보시고.

창 8:21

여호와께서 그 향기를 흠향(歆饗)하시고 그 중심에 이르시되 내가 다시는 사람으로 인하여 땅을 저주하지 아니하리니 이는 사람의 마음의 계획하는 바가 어려서부터 악함이라. 내가 전에 행한 것같이 모든 생물을 멸하지 아니하리니.

렘 17:9

만물보다 거짓되고 심히 부패한 것은 마음이라. 누가 능히 이를 알리요마는.

롬 7:23-24

내 지체(肢體) 속에서 한 다른 법이 내 마음의 법과 싸워 내 지체 속에 있는 죄의 법 아래로 나를 사로잡아 오는 것을 보는도다. [24]오호라 나는 곤고한 사람이로다! 이 사망의 몸에서 누가 나를 건져 내랴?

롬 8:7

육신의 생각은 하나님과 원수가 되나니 이는 하나님의 법에 굴복치 아니할 뿐 아니라 할 수도 없음이라.

엡 2:3

전에는 우리도 다 그 가운데서 우리 육체의 욕심을 따라 지내며 육체와 마음의 원하는 것을 하여 다른 이들과 같이 본질상 진노의 자녀이었더니.

딛 3:3

우리도 전에는 어리석은 자요 순종치 아니한 자요 속은 자요 각색 정욕과 행락에 종노릇한 자요 악독과 투기로 지낸 자요 가증스러운 자요 피차 미워한 자이었으나.

제3주일

6문 : 그러면 하나님께서는 사람을
그렇게 악하고 패역한 상태로 창조하셨습니까?

답 : 아닙니다.
하나님은 사람을 선하게,[1]
또한 자신의 형상,[2]
곧 참된 의와 거룩함으로 창조하셨습니다.[3]
이것은 사람으로 하여금
자신의 창조주 하나님을 바르게 알고,
마음으로 사랑하며,
영원한 복락 가운데서 그와 함께 살고,
그리하여 그분께
찬양과 영광을 돌리기 위함입니다.[4]

7문 : 그렇다면 이렇게 타락한 사람의 본성은
어디에서 왔습니까?

답 : 우리의 시조(始祖) 아담과 하와가
낙원(樂園)에서 타락하고 불순종한 데서 왔습니다.[5]
그때 사람의 본성이 심히 부패하여
우리는 모두 죄악 중에 잉태되고 출생합니다.[6]

8문 : 그렇다면 우리는 그토록 부패하여,
선은 조금도 행할 수 없으며
온갖 악만 행하는 성향을 지니고 있습니까?

답 : 그렇습니다.[7]
우리가 하나님의 성신으로 거듭나지 않는 한
참으로 그렇습니다.[8]

1 **창** 1:31

하나님이 그 지으신 모든 것을 보시니 보시기에 심히 좋았더라. 저녁이 되며 아침이 되니 이는 여섯째 날이니라.

2 **창** 1:26-27

하나님이 가라사대 우리의 형상을 따라 우
리의 모양대로 우리가 사람을 만들고 그로 바
다의 고기와 공중의 새와 육축과 온 땅과 땅에
기는 모든 것을 다스리게 하자 하시고 27하나
님이 자기 형상 곧 하나님의 형상대로 사람을
창조하시되 남자와 여자를 창조하시고.

3 **엡** 4:24

하나님을 따라 의와 진리의 거룩함으로 지으심을 받은 새사람을 입으라.

골 3:10

새사람을 입었으니 이는 자기를 창조하신 자의 형상을 좇아 지식에까지 새롭게 하심을 받는 자니라.

4 **시** 8:4-9

사람이 무엇이관대 주께서 저를 생각하시며
인자(人子)가 무엇이관대 주께서 저를 권고(眷
顧)하시나이까. 5저를 천사보다 조금 못하게 하
시고 영화와 존귀로 관을 씌우셨나이다. 6주의
손으로 만드신 것을 다스리게 하시고 만물을
그 발아래 두셨으니 7곧 모든 우양과 들짐승이
며 8공중의 새와 바다의 어족(魚族)과 해로(海
路)에 다니는 것이니이다. 9여호와 우리 주여
주의 이름이 온 땅에 어찌 그리 아름다운지요.

계 4:11

우리 주 하나님이여 영광과 존귀와 능력을 받으시는 것이 합당하오니 주께서 만물을 지으신지라. 만물이 주의 뜻대로 있었고 또 지으심을 받았나이다 하더라.

5 **창** 3:1-24

롬 5:12, 18-19

이러므로 한 사람으로 말미암아 죄가 세상
에 들어오고 죄로 말미암아 사망이 왔나니 이
와 같이 모든 사람이 죄를 지었으므로 사망이
모든 사람에게 이르렀느니라. 18그런즉 한 범
죄로 많은 사람이 정죄에 이른 것같이 의의 한
행동으로 말미암아 많은 사람이 의롭다 하심
을 받아 생명에 이르렀느니라. 19한 사람의 순
종치 아니함으로 많은 사람이 죄인 된 것같이
한 사람의 순종하심으로 많은 사람이 의인이
되리라.

6 **시** 51:5

내가 죄악 중에 출생하였음이여 모친이 죄 중에 나를 잉태하였나이다.

요 3:6

육으로 난 것은 육이요 성령으로 난 것은 영이니.

7 **창** 6:5

여호와께서 사람의 죄악이 세상에 관영(貫盈)함과 그 마음의 생각의 모든 계획이 항상 악할 뿐임을 보시고.

창 8:21

여호와께서 그 향기를 흠향(歆饗)하시고 그 중심에 이르시되 내가 다시는 사람으로 인하여 땅을 저주하지 아니하리니 이는 사람의 마음의 계획하는 바가 어려서부터 악함이라. 내가 전에 행한 것같이 모든 생물을 멸하지 아니하리니.

욥 14:4

누가 깨끗한 것을 더러운 것 가운데서 낼 수 있으리이까? 하나도 없나이다.

사 53:6

우리는 다 양 같아서 그릇 행하여 각기 제 길로 갔거늘 여호와께서는 우리 무리의 죄악을 그에게 담당시키셨도다.

딛 3:3

우리도 전에는 어리석은 자요 순종치 아니한 자요 속은 자요 각색 정욕과 행락에 종노릇한 자요 악독과 투기로 지낸 자요 가증스러운 자요 피차 미워한 자이었으나.

8 **요** 3:3, 5

예수께서 대답하여 가라사대 진실로 진실로
네게 이르노니 사람이 거듭나지 아니하면 하
나님 나라를 볼 수 없느니라. 5예수께서 대답

하시되 진실로 진실로 네게 이르노니 사람이 물과 성령으로 나지 아니하면 하나님 나라에 들어갈 수 없느니라.

고전 12:3

그러므로 내가 너희에게 알게 하노니 하나님의 영으로 말하는 자는 누구든지 예수를 저주할 자라 하지 않고 또 성령으로 아니하고는 누구든지 예수를 주시라 할 수 없느니라.

고후 3:5

우리가 무슨 일이든지 우리에게서 난 것같이 생각하여 스스로 만족할 것이 아니니 우리의 만족은 오직 하나님께로서 났느니라.

제4주일

9문 : 하나님께서 사람이 행할 수 없는 것을
그의 율법에서 요구하신다면
이것은 부당한 일이 아닙니까?

답 : 아닙니다.
하나님은
사람이 행할 수 있도록 창조하셨으나,[1]
사람은 마귀의 꾐에 빠져
고의(故意)로 불순종하였고,[2]
그 결과 자기 자신뿐 아니라 그의 모든 후손도
하나님의 그러한 선물들을 상실하게 되었습니다.[3]

10문 : 하나님께서는 그러한 불순종과 반역을
형벌하지 않고 지나치시겠습니까?

답 : 결코 그렇지 않습니다.
하나님께서는
원죄(原罪)와 자범죄(自犯罪) 모두에 대해
심히 진노하셔서
그 죄들을
이 세상에서 그리고 영원히
의로운 심판으로 형벌하실 것입니다.[4]
하나님께서는
"누구든지 율법 책에 기록된 대로 온갖 일을
항상 행하지 아니하는 자는
저주 아래 있는 자라" (갈 3:10)고 선언하셨습니다.[5]

11문 : 그러나 하나님은 또한
자비하신 분이 아닙니까?

답 : 하나님은 참으로 자비하신 분이나[6]
동시에 의로우신 분입니다.[7]
죄는 하나님의 지극히 높으신 엄위를
거슬러 짓는 것이므로
하나님의 공의는
이 죄에 대해 최고의 형벌,
곧 몸과 영혼에
영원한 형벌을 내릴 것을 요구합니다.[8]

1 **창** 1:27

하나님이 자기 형상 곧 하나님의 형상대로 사람을 창조하시되 남자와 여자를 창조하시고.

창 2:16-17

여호와 하나님이 그 사람에게 명하여 가라사대 동산 각종 나무의 실과는 네가 임의로 먹되 [17]선악을 알게 하는 나무의 실과는 먹지 말라. 네가 먹는 날에는 정녕 죽으리라 하시니라.

2 **창** 3:4-6, 13

뱀이 여자에게 이르되 너희가 결코 죽지 아니하리라. [5]너희가 그것을 먹는 날에는 너희 눈이 밝아 하나님과 같이 되어 선악을 알 줄을 하나님이 아심이니라. [6]여자가 그 나무를 본즉 먹음직도 하고 보암직도 하고 지혜롭게 할 만큼 탐스럽기도 한 나무인지라. 여자가 그 실과를 따 먹고 자기와 함께한 남편에게도 주매 그도 먹은지라. [13]여호와 하나님이 여자에게 이르시되 네가 어찌하여 이렇게 하였느냐? 여자가 가로되 뱀이 나를 꾀므로 내가 먹었나이다.

요 8:44

너희는 너희 아비 마귀에게서 났으니 너희 아비의 욕심을 너희도 행하고자 하느니라. 저는 처음부터 살인한 자요 진리가 그 속에 없으므로 진리에 서지 못하고 거짓을 말할 때마다 제 것으로 말하나니 이는 저가 거짓말장이요 거짓의 아비가 되었음이니라.

딤전 2:13-14

이는 아담이 먼저 지음을 받고 이와가 그 후며 [14]아담이 꾀임을 보지 아니하고 여자가 꾀임을 보아 죄에 빠졌음이니라.

3 **롬** 5:12

이러므로 한 사람으로 말미암아 죄가 세상에 들어오고 죄로 말미암아 사망이 왔나니 이와 같이 모든 사람이 죄를 지었으므로 사망이 모든 사람에게 이르렀느니라.

4 **창** 2:17

선악을 알게 하는 나무의 실과는 먹지 말라. 네가 먹는 날에는 정녕 죽으리라 하시니라.

출 20:5

그것들에게 절하지 말며 그것들을 섬기지 말라. 나 여호와 너의 하나님은 질투하는 하나님인즉 나를 미워하는 자의 죄를 갚되 아비로부터 아들에게로 삼사 대까지 이르게 하거니와.

출 34:7

인자를 천 대까지 베풀며 악과 과실과 죄를

용서하나 형벌받을 자는 결단코 면죄하지 않고 아비의 악을 자여손(子與孫) 삼사 대까지 보응하리라.

시 5:4-5

주는 죄악을 기뻐하는 신이 아니시니 악이 주와 함께 유하지 못하며 [5]오만한 자가 주의 목전에 서지 못하리이다. 주는 모든 행악자를 미워하시며.

시 7:11-13

하나님은 의로우신 재판장이심이여 매일 분노하시는 하나님이시로다. [12]사람이 회개치 아니하면 저가 그 칼을 갈으심이여 그 활을 이미 당기어 예비하셨도다. [13]죽일 기계를 또한 예비하심이여 그 만든 살은 화전(火箭)이로다.

나 1:2

여호와는 투기하시며 보복하시는 하나님이시니라. 여호와는 보복하시며 진노하시되 자기를 거스리는 자에게 보복하시며 자기를 대적하는 자에게 진노를 품으시며.

롬 1:18

하나님의 진노가 불의로 진리를 막는 사람들의 모든 경건치 않음과 불의에 대하여 하늘로 좇아 나타나나니.

롬 5:12

이러므로 한 사람으로 말미암아 죄가 세상에 들어오고 죄로 말미암아 사망이 왔나니 이와 같이 모든 사람이 죄를 지었으므로 사망이 모든 사람에게 이르렀느니라.

엡 5:6

누구든지 헛된 말로 너희를 속이지 못하게 하라. 이를 인하여 하나님의 진노가 불순종의 아들들에게 임하나니.

히 9:27

한 번 죽는 것은 사람에게 정하신 것이요 그 후에는 심판이 있으리니.

5 **신 27:26**

이 율법의 모든 말씀을 실행치 아니하는 자는 저주를 받을 것이라 할 것이요 모든 백성은 아멘 할지니라.

6 **출 20:6**

나를 사랑하고 내 계명을 지키는 자에게는 천 대까지 은혜를 베푸느니라.

출 34:6-7

여호와께서 그의 앞으로 지나시며 반포하시되 여호와로라 여호와로라. 자비롭고 은혜롭고 노하기를 더디 하고 인자와 진실이 많은 하나님이로라. [7]인자를 천 대까지 베풀며 악과 과실과 죄를 용서하나 형벌받을 자는 결단코 면죄하지 않고 아비의 악을 자여손(子與孫) 삼사 대까지 보응하리라.

7 **출 20:5**

그것들에게 절하지 말며 그것들을 섬기지 말라. 나 여호와 너의 하나님은 질투하는 하나님인즉 나를 미워하는 자의 죄를 갚되 아비로부터 아들에게로 삼사 대까지 이르게 하거니와.

출 23:7

거짓 일을 멀리하며 무죄한 자와 의로운 자를 죽이지 말라. 나는 악인을 의롭다 하지 아니하겠노라.

신 7:9-11

그런즉 너는 알라. 오직 네 하나님 여호와는 하나님이시요 신실하신 하나님이시라. 그를 사랑하고 그 계명을 지키는 자에게는 천 대까지 그 언약을 이행하시며 인애를 베푸시되 [10]그를 미워하는 자에게는 당장에 보응하여 멸하시나니 여호와는 자기를 미워하는 자에게 지체하지 아니하시고 당장에 그에게 보응하시느니라. [11]그런즉 너는 오늘날 내가 네게 명하는 명령과 규례와 법도를 지켜 행할지니라.

히 10:30-31

원수 갚는 것이 내게 있으니 내가 갚으리라 하시고 또 다시 주께서 그의 백성을 심판하리라 말씀하신 것을 우리가 아노니 [31]살아 계신 하나님의 손에 빠져 들어가는 것이 무서울진저.

8 **나 1:2-3**

여호와는 투기하시며 보복하시는 하나님이시니라. 여호와는 보복하시며 진노하시되 자기를 거스리는 자에게 보복하시며 자기를 대적하는 자에게 진노를 품으시며 [3]여호와는 노하기를 더디 하시며 권능이 크시며 죄인을 결코 사하지 아니하시느니라. 여호와의 길은 회리바람과 광풍에 있고 구름은 그 발의 티끌이로다.

마 25:45-46

이에 임금이 대답하여 가라사대 내가 진실로 너희에게 이르노니 이 지극히 작은 자 하나에게 하지 아니한 것이 곧 내게 하지 아니한 것이니라 하시리니 [46]저희는 영벌에, 의인들은 영생에 들어가리라 하시니라.

살후 1:8-9

하나님을 모르는 자들과 우리 주 예수의 복음을 복종치 않는 자들에게 형벌을 주시리니 [9]이런 자들이 주의 얼굴과 그의 힘의 영광을 떠나 영원한 멸망의 형벌을 받으리로다.

제2부 우리의 구속(救贖)에 관하여

제5주일

12문 : 하나님의 의로운 심판에 의해
우리는 이 세상에서 그리고 영원히
형벌을 받아 마땅한데,
어떻게 이 형벌을 피하고
다시 하나님의 은혜를 입을 수 있겠습니까?

답 : 하나님께서는
자신의 의(義)가 만족되기를 원하십니다.[1]
따라서 우리는 우리 스스로든
아니면 다른 이에 의해서든
죗값을 완전히 치러야 합니다.[2]

13문 : 우리가 스스로
하나님의 의를 만족시킬 수 있습니까?

답 : 결코 그렇지 않습니다.
오히려 우리는 날마다
우리의 죄책(罪責)을 증가시킬 뿐입니다.[3]

14문 : 어떠한 피조물이라도 단지 피조물로서
우리를 대신하여
하나님의 의를 만족시킬 자가 있습니까?

답 : 하나도 없습니다.
첫째, 하나님께서는 인간의 죄책 때문에

다른 피조물을 형벌하기를 원치 않으십니다.[4]
둘째, 어떠한 피조물이라도 단지 피조물로서는
죄에 대한 하나님의 영원한 진노의 짐을
감당할 수도 없고,
다른 피조물을
거기에서 구원할 수도 없습니다.[5]

15문 : 그렇다면 우리는
어떠한 중보자와 구원자를 찾아야 합니까?

답 : 참 인간이고[6]
의로운 분이시나[7]
동시에 참 하나님이고
모든 피조물보다 능력이 뛰어나신 분입니다.[8]

1 **창** 2:17
선악을 알게 하는 나무의 실과는 먹지 말라. 네가 먹는 날에는 정녕 죽으리라 하시니라.

출 20:5
그것들에게 절하지 말며 그것들을 섬기지 말라. 나 여호와 너의 하나님은 질투하는 하나님인즉 나를 미워하는 자의 죄를 갚되 아비로부터 아들에게로 삼사 대까지 이르게 하거니와.

출 23:7
거짓 일을 멀리하며 무죄한 자와 의로운 자를 죽이지 말라. 나는 악인을 의롭다 하지 아니하겠노라.

겔 18:4
모든 영혼이 다 내게 속한지라. 아비의 영혼이 내게 속함같이 아들의 영혼도 내게 속하였나니 범죄하는 그 영혼이 죽으리라.

히 10:30
원수 갚는 것이 내게 있으니 내가 갚으리라 하시고 또 다시 주께서 그의 백성을 심판하리라 말씀하신 것을 우리가 아노니.

2 **사** 53:11
가라사대 그가 자기 영혼의 수고한 것을 보고 만족히 여길 것이라 나의 의로운 종이 자기 지식으로 많은 사람을 의롭게 하며 또 그들의 죄악을 친히 담당하리라.

마 5:26
진실로 네게 이르노니 네가 호리(毫釐)라도 남김이 없이 다 갚기 전에는 결단코 거기서 나오지 못하리라.

롬 8:3-4
율법이 육신으로 말미암아 연약하여 할 수 없는 그것을 하나님은 하시나니 곧 죄를 인하여 자기 아들을 죄 있는 육신의 모양으로 보내어 육신에 죄를 정하사 [4]육신을 좇지 않고 그 영을 좇아 행하는 우리에게 율법의 요구를 이루어지게 하려 하심이니라.

3 **욥 9:2-3**

내가 진실로 그 일이 그런 줄을 알거니와 인생이 어찌 하나님 앞에 의로우랴? [3]사람이 하나님과 쟁변하려 할지라도 천 마디에 한 마디도 대답하지 못하리라.

시 130:3

여호와여 주께서 죄악을 감찰하실진대 주여 누가 서리이까?

마 6:12

우리가 우리에게 죄지은 자를 사하여 준 것 같이 우리 죄를 사하여 주옵시고.

롬 2:4-5

혹 네가 하나님의 인자하심이 너를 인도하여 회개케 하심을 알지 못하여 그의 인자하심과 용납하심과 길이 참으심의 풍성함을 멸시하느뇨? [5]다만 네 고집과 회개치 아니한 마음을 따라 진노의 날 곧 하나님의 의로우신 판단이 나타나는 그날에 임할 진노를 네게 쌓는도다.

4 **겔 18:4**

모든 영혼이 다 내게 속한지라. 아비의 영혼이 내게 속함같이 아들의 영혼도 내게 속하였나니 범죄하는 그 영혼이 죽으리라.

히 2:14-17

자녀들은 혈육에 함께 속하였으매 그도 또한 한 모양으로 혈육에 함께 속하심은 사망으로 말미암아 사망의 세력을 잡은 자 곧 마귀를 없이하시며 [15]또 죽기를 무서워하므로 일생에 매여 종노릇하는 모든 자들을 놓아주려 하심이니 [16]이는 실로 천사들을 붙들어 주려 하심이 아니요 오직 아브라함의 자손을 붙들어 주려 하심이라. [17]그러므로 저가 범사에 형제들과 같이 되심이 마땅하도다. 이는 하나님의 일에 자비하고 충성된 대제사장이 되어 백성의 죄를 구속(救贖)하려 하심이라.

5 **시 49:7-8**

아무도 결코 그 형제를 구속(救贖)하지 못하며 저를 위하여 하나님께 속전(贖錢)을 바치지도 못할 것은 [8]저희 생명의 구속(救贖)이 너무 귀하며 영영히 못할 것임이라.

시 130:3

여호와여 주께서 죄악을 감찰하실진대 주여 누가 서리이까?

나 1:6

누가 능히 그 분노하신 앞에 서며 누가 능히 그 진노를 감당하랴? 그 진노를 불처럼 쏟으시니 그를 인하여 바위들이 깨어지는도다.

히 10:4

이는 황소와 염소의 피가 능히 죄를 없이하지 못함이라.

6 **고전 15:21**

사망이 사람으로 말미암았으니 죽은 자의 부활도 사람으로 말미암는도다.

히 2:17

그러므로 저가 범사에 형제들과 같이 되심이 마땅하도다. 이는 하나님의 일에 자비하고 충성된 대제사장이 되어 백성의 죄를 구속(救贖)하려 하심이라.

7 **고후 5:21**

하나님이 죄를 알지도 못하신 자로 우리를 대신하여 죄를 삼으신 것은 우리로 하여금 저의 안에서 하나님의 의가 되게 하려 하심이니라.

히 7:26

이러한 대제사장은 우리에게 합당하니 거룩하고 악이 없고 더러움이 없고 죄인에게서 떠나 계시고 하늘보다 높이 되신 자라.

8 **사 7:14**

그러므로 주께서 친히 징조로 너희에게 주실 것이라. 보라 처녀가 잉태하여 아들을 낳을 것이요 그 이름을 임마누엘이라 하리라.

사 9:6

이는 한 아기가 우리에게 났고 한 아들을 우리에게 주신 바 되었는데 그 어깨에는 정사(政事)를 메었고 그 이름은 기묘자라, 모사라, 전능하신 하나님이라, 영존하시는 아버지라, 평강의 왕이라 할 것임이라.

렘 23:6

그의 날에 유다는 구원을 얻겠고 이스라엘은 평안히 거할 것이며 그 이름은 여호와 우리의 의라 일컬음을 받으리라.

요 1:1

태초에 말씀이 계시니라. 이 말씀이 하나님과 함께 계셨으니 이 말씀은 곧 하나님이시니라.

롬 8:3-4

율법이 육신으로 말미암아 연약하여 할 수 없는 그것을 하나님은 하시나니 곧 죄를 인하여 자기 아들을 죄 있는 육신의 모양으로 보내어 육신에 죄를 정하사 [4]육신을 좇지 않고 그 영을 좇아 행하는 우리에게 율법의 요구를 이루어지게 하려 하심이니라.

제6주일

16문 : 중보자는 왜
참인간이고 의로운 분이셔야 합니까?

답 : 하나님의 의는
죄지은 인간이 죗값 치르기를 요구하나,[1]
누구든지 죄인인 사람으로서는
다른 사람을 위해
값을 치를 수 없기 때문입니다.[2]

17문 : 중보자는 왜
동시에 참하나님이셔야 합니까?

답 : 그의 신성(神性)의 능력으로,[3]
하나님의 진노의 짐을[4]
그의 인성(人性)에 짊어지시며,[5]
또한 의와 생명을 획득하여
우리에게 돌려주시기 위함입니다.[6]

18문 : 그러나 누가 참하나님이시며[7]
동시에 참인간이고[8] 의로우신 그 중보자입니까?[9]

답 : 우리 주 예수 그리스도,[10]
즉 하나님께로서 나와서
우리에게 지혜와
의로움과 거룩함과 구속(救贖)함이 되신 분입니다.[11]

19문 : 당신은 이것을 어디에서 압니까?

답 : 거룩한 복음에서 압니다.
하나님께서는 이 복음을
처음에 낙원에서
친히 계시하셨고,[12]
후에는 족장들과[13] 선지자들을[14] 통해
선포하셨으며,
또한 율법의 제사들과 다른 의식(儀式)들로써
예표하셨고,[15]
마지막에는 그의 독생자를 통해
완성하셨습니다.[16]

1 **사** 53:3-5

그는 멸시를 받아서 사람에게 싫어버린 바 되었으며 간고(艱苦)를 많이 겪었으며 질고(疾苦)를 아는 자라. 마치 사람들에게 얼굴을 가리우고 보지 않음을 받는 자 같아서 멸시를 당하였고 우리도 그를 귀히 여기지 아니하였도다. [4]그는 실로 우리의 질고를 지고 우리의 슬픔을 당하였거늘 우리는 생각하기를 그는 징벌을 받아서 하나님에게 맞으며 고난을 당한다 하였노라. [5]그가 찔림은 우리의 허물을 인함이요 그가 상함은 우리의 죄악을 인함이라. 그가 징계를 받음으로 우리가 평화를 누리고 그가 채찍에 맞음으로 우리가 나음을 입었도다.

렘 33:15

그날 그때에 내가 다윗에게 한 의로운 가지가 나게 하리니 그가 이 땅에 공평과 정의를 실행할 것이라.

겔 18:4, 20

모든 영혼이 다 내게 속한지라. 아비의 영혼이 내게 속함같이 아들의 영혼도 내게 속하였나니 범죄하는 그 영혼이 죽으리라. [20]범죄하는 그 영혼은 죽을지라. 아들은 아비의 죄악을 담당치 아니할 것이요 아비는 아들의 죄악을 담당치 아니하리니 의인의 의도 자기에게로 돌아가고 악인의 악도 자기에게로 돌아가리라.

롬 5:12, 15

이러므로 한 사람으로 말미암아 죄가 세상에 들어오고 죄로 말미암아 사망이 왔나니 이와 같이 모든 사람이 죄를 지었으므로 사망이 모든 사람에게 이르렀느니라. [15]그러나 이 은사는 그 범죄와 같지 아니하니 곧 한 사람의 범죄를 인하여 많은 사람이 죽었은즉 더욱 하나님의 은혜와 또는 한 사람 예수 그리스도의 은혜로 말미암은 선물이 많은 사람에게 넘쳤으리라.

고전 15:21

사망이 사람으로 말미암았으니 죽은 자의 부활도 사람으로 말미암는도다.

히 2:14-16

자녀들은 혈육에 함께 속하였으매 그도 또한 한 모양으로 혈육에 함께 속하심은 사망으로 말미암아 사망의 세력을 잡은 자 곧 마귀를 없이하시며 [15]또 죽기를 무서워하므로 일생에 매여 종노릇하는 모든 자들을 놓아주려 하심이니 [16]이는 실로 천사들을 붙들어 주려 하심이 아니요 오직 아브라함의 자손을 붙들어 주려 하심이라.

2 **시** 49:7-8

아무도 결코 그 형제를 구속(救贖)하지 못하며 저를 위하여 하나님께 속전(贖錢)을 바치지도 못할 것은 [8]저희 생명의 구속(救贖)이 너무 귀하며 영영히 못할 것임이라.

히 7:26-27

이러한 대제사장은 우리에게 합당하니 거룩하고 악이 없고 더러움이 없고 죄인에게서 떠나 계시고 하늘보다 높이 되신 자라. [27]저가 저 대제사장들이 먼저 자기 죄를 위하고 다음에 백성의 죄를 위하여 날마다 제사드리는 것과 같이 할 필요가 없으니 이는 저가 단번에 자기를 드려 이루셨음이니라.

벧전 3:18

그리스도께서도 한 번 죄를 위하여 죽으사 의인으로서 불의한 자를 대신하셨으니 이는 우리를 하나님 앞으로 인도하려 하심이라. 육체로는 죽임을 당하시고 영으로는 살리심을 받으셨으니.

3 **사** 9:6

이는 한 아기가 우리에게 났고 한 아들을 우리에게 주신 바 되었는데 그 어깨에는 정사(政事)를 메었고 그 이름은 기묘자라, 모사라, 전능하신 하나님이라, 영존하시는 아버지라, 평강의 왕이라 할 것임이라.

롬 1:4

성결의 영으로는 죽은 가운데서 부활하여 능력으로 하나님의 아들로 인정되셨으니 곧 우리 주 예수 그리스도시니라.

히 1:3

이는 하나님의 영광의 광채시요 그 본체의 형상이시라. 그의 능력의 말씀으로 만물을 붙드시며 죄를 정결케 하는 일을 하시고 높은 곳에 계신 위엄의 우편에 앉으셨느니라.

4 **신** 4:24

네 하나님 여호와는 소멸하는 불이시요 질투하는 하나님이시니라.

시 130:3

여호와여 주께서 죄악을 감찰하실진대 주여 누가 서리이까?

나 1:6

누가 능히 그 분노하신 앞에 서며 누가 능히 그 진노를 감당하랴? 그 진노를 불처럼 쏟으시니 그를 인하여 바위들이 깨어지는도다.

5 **사** 53:4, 11

그는 실로 우리의 질고(疾苦)를 지고 우리의 슬픔을 당하였거늘 우리는 생각하기를 그는 징벌을 받아서 하나님에게 맞으며 고난을 당한다 하였노라. [11]가라사대 그가 자기 영혼의 수고한 것을 보고 만족히 여길 것이라. 나의 의로운 종이 자기 지식으로 많은 사람을 의롭게 하며 또 그들의 죄악을 친히 담당하리라.

요 10:17-18

아버지께서 나를 사랑하시는 것은 내가 다시 목숨을 얻기 위하여 목숨을 버림이라. [18]이를 내게서 빼앗는 자가 있는 것이 아니라 내가 스스로 버리노라. 나는 버릴 권세도 있고 다시 얻을 권세도 있으니 이 계명은 내 아버지에게서 받았노라 하시니라.

6 **사** 53:5, 11

그가 찔림은 우리의 허물을 인함이요 그가 상함은 우리의 죄악을 인함이라. 그가 징계를 받음으로 우리가 평화를 누리고 그가 채찍에 맞음으로 우리가 나음을 입었도다. [11]가라사대 그가 자기 영혼의 수고한 것을 보고 만족히 여길 것이라. 나의 의로운 종이 자기 지식으로 많은 사람을 의롭게 하며 또 그들의 죄악을 친히 담당하리라.

사 54:8

내가 넘치는 진노로 내 얼굴을 네게서 잠시 가리웠으나 영원한 자비로 너를 긍휼히 여기리라. 네 구속자(救贖者) 여호와의 말이니라.

요 3:16

하나님이 세상을 이처럼 사랑하사 독생자를 주셨으니 이는 저를 믿는 자마다 멸망치 않고 영생을 얻게 하려 하심이니라.

행 20:28

너희는 자기를 위하여 또는 온 양 떼를 위하여 삼가라. 성령이 저들 가운데 너희로 감독자를 삼고 하나님이 자기 피로 사신 교회를 치게 하셨느니라.

고후 5:21

하나님이 죄를 알지도 못하신 자로 우리를 대신하여 죄를 삼으신 것은 우리로 하여금 저의 안에서 하나님의 의가 되게 하려 하심이니라.

벧전 3:18

그리스도께서도 한 번 죄를 위하여 죽으사 의인으로서 불의한 자를 대신하셨으니 이는 우리를 하나님 앞으로 인도하려 하심이라. 육체로는 죽임을 당하시고 영으로는 살리심을 받으셨으니.

7 **렘** 23:6

그의 날에 유다는 구원을 얻겠고 이스라엘은 평안히 거할 것이며 그 이름은 여호와 우리의 의라 일컬음을 받으리라.

말 3:1

만군의 여호와가 이르노라. 보라 내가 내 사자(使者)를 보내리니 그가 내 앞에서 길을 예비할 것이요 또 너희의 구하는 바 주가 홀연히 그 전(殿)에 임하리니 곧 너희의 사모하는 바 언약의 사자가 임할 것이라.

롬 8:3

율법이 육신으로 말미암아 연약하여 할 수 없는 그것을 하나님은 하시나니 곧 죄를 인하여 자기 아들을 죄 있는 육신의 모양으로 보내어 육신에 죄를 정하사.

갈 4:4

때가 차매 하나님이 그 아들을 보내사 여자에게서 나게 하시고 율법 아래 나게 하신 것은.

요일 5:20

또 아는 것은 하나님의 아들이 이르러 우리에게 지각을 주사 우리로 참된 자를 알게 하신 것과 또한 우리가 참된 자 곧 그의 아들 예수 그리스도 안에 있는 것이니 그는 참 하나님이시요 영생이시라.

8 **눅** 1:42

큰 소리로 불러 가로되 여자 중에 네가 복이 있으며 네 태중의 아이도 복이 있도다.

눅 2:6-7

거기 있을 그때에 해산할 날이 차서 [7]맏아들을 낳아 강보(襁褓)로 싸서 구유에 뉘었으니 이는 사관(舍館)에 있을 곳이 없음이러라.

롬 1:3

이 아들로 말하면 육신으로는 다윗의 혈통에서 나셨고.

빌 2:7

오히려 자기를 비어 종의 형체를 가져 사람들과 같이 되었고.

히 2:14, 17

자녀들은 혈육에 함께 속하였으매 그도 또한 한 모양으로 혈육에 함께 속하심은 사망으로 말미암아 사망의 세력을 잡은 자 곧 마귀를 없이하시며 [17]그러므로 저가 범사에 형제들과 같이 되심이 마땅하도다. 이는 하나님의 일에 자비하고 충성된 대제사장이 되어 백성의 죄를 구속(救贖)하려 하심이라.

히 4:15

우리에게 있는 대제사장은 우리 연약함을 체휼(體恤)하지 아니하는 자가 아니요 모든 일에 우리와 한결같이 시험을 받은 자로되 죄는 없으시니라.

9 **사** 53:9, 11

그는 강포를 행치 아니하였고 그 입에 궤사(詭詐)가 없었으나 그 무덤이 악인과 함께 되었으며 그 묘실이 부자와 함께 되었도다. [11]가라사대 그가 자기 영혼의 수고한 것을 보고 만족히 여길 것이라. 나의 의로운 종이 자기 지식으로 많은 사람을 의롭게 하며 또 그들의 죄악을 친히 담당하리라.

렘 23:5

나 여호와가 말하노라. 보라 때가 이르리니 내가 다윗에게 한 의로운 가지를 일으킬 것이라. 그가 왕이 되어 지혜롭게 행사하며 세상에서 공평과 정의를 행할 것이며.

눅 1:35

천사가 대답하여 가로되 성령이 네게 임하시고 지극히 높으신 이의 능력이 너를 덮으시리니 이러므로 나실 바 거룩한 자는 하나님의 아들이라 일컬으리라.

요 8:46

너희 중에 누가 나를 죄로 책잡겠느냐? 내가 진리를 말하매 어찌하여 나를 믿지 아니하느냐?

히 4:15

우리에게 있는 대제사장은 우리 연약함을 체휼(體恤)하지 아니하는 자가 아니요 모든 일에 우리와 한결같이 시험을 받은 자로되 죄는 없으시니라.

히 7:26

이러한 대제사장은 우리에게 합당하니 거룩하고 악이 없고 더러움이 없고 죄인에게서 떠나 계시고 하늘보다 높이 되신 자라.

벧전 1:19

오직 흠 없고 점 없는 어린양 같은 그리스도의 보배로운 피로 한 것이니라.

벧전 2:22

저는 죄를 범치 아니하시고 그 입에 궤사(詭詐)도 없으시며.

벧전 3:18

그리스도께서도 한 번 죄를 위하여 죽으사 의인으로서 불의한 자를 대신하셨으니 이는 우리를 하나님 앞으로 인도하려 하심이라. 육체로는 죽임을 당하시고 영으로는 살리심을 받으셨으니.

요일 3:5

그가 우리 죄를 없이하려고 나타내신 바 된 것을 너희가 아나니 그에게는 죄가 없느니라.

10 **마** 1:23

보라 처녀가 잉태하여 아들을 낳을 것이요 그 이름은 임마누엘이라 하리라 하셨으니 이를 번역한즉 하나님이 우리와 함께 계시다 함이라.

눅 2:11

오늘날 다윗의 동네에 너희를 위하여 구주가 나셨으니 곧 그리스도 주시니라.

요 1:1, 14

태초에 말씀이 계시니라. 이 말씀이 하나님과 함께 계셨으니 이 말씀은 곧 하나님이시니라. [14]말씀이 육신이 되어 우리 가운데 거하시매 우리가 그 영광을 보니 아버지의 독생자의 영광이요 은혜와 진리가 충만하더라.

요 14:6

예수께서 가라사대 내가 곧 길이요 진리요 생명이니 나로 말미암지 않고는 아버지께로 올 자가 없느니라.

롬 9:5

조상들도 저희 것이요 육신으로 하면 그리스도가 저희에게서 나셨으니 저는 만물 위에 계셔 세세에 찬양을 받으실 하나님이시니라. 아멘.

딤전 2:5

하나님은 한 분이시요 또 하나님과 사람 사이에 중보(中保)도 한 분이시니 곧 사람이신 그리스도 예수라.

딤전 3:16

크도다 경건의 비밀이여, 그렇지 않다 하는 이 없도다. 그는 육신으로 나타난 바 되시고 영으로 의롭다 하심을 입으시고 천사들에게 보이시고 만국에서 전파되시고 세상에서 믿은 바 되시고 영광 가운데서 올리우셨음이니라.

히 2:9

오직 우리가 천사들보다 잠간 동안 못하게 하심을 입은 자 곧 죽음의 고난 받으심을 인하여 영광과 존귀로 관 쓰신 예수를 보니 이를 행하심은 하나님의 은혜로 말미암아 모든 사람을 위하여 죽음을 맛보려 하심이라.

11 **고전** 1:30

너희는 하나님께로부터 나서 그리스도 예수

안에 있고 예수는 하나님께로서 나와서 우리에게 지혜와 의로움과 거룩함과 구속(救贖)함이 되셨으니.

고후 5:21

하나님이 죄를 알지도 못하신 자로 우리를 대신하여 죄를 삼으신 것은 우리로 하여금 저의 안에서 하나님의 의가 되게 하려 하심이니라.

12 **창** 3:15

내가 너로 여자와 원수가 되게 하고 너의 후손도 여자의 후손과 원수가 되게 하리니 여자의 후손은 네 머리를 상하게 할 것이요 너는 그의 발꿈치를 상하게 할 것이니라 하시고.

13 **창** 12:3

너를 축복하는 자에게는 내가 복을 내리고 너를 저주하는 자에게는 내가 저주하리니 땅의 모든 족속이 너를 인하여 복을 얻을 것이니라 하신지라.

창 22:18

또 네 씨로 말미암아 천하 만민이 복을 얻으리니 이는 네가 나의 말을 준행하였음이니라 하셨다 하니라.

창 26:4

네 자손을 하늘의 별과 같이 번성케 하며 이 모든 땅을 네 자손에게 주리니 네 자손을 인하여 천하 만민이 복을 받으리라.

창 28:14

네 자손이 땅의 티끌같이 되어서 동서남북에 편만할지며 땅의 모든 족속이 너와 네 자손을 인하여 복을 얻으리라.

창 49:10

홀(笏)이 유다를 떠나지 아니하며 치리자의 지팡이가 그 발 사이에서 떠나지 아니하시기를 실로가 오시기까지 미치리니 그에게 모든 백성이 복종하리로다.

14 **사** 42:1-4

내가 붙드는 나의 종, 내 마음에 기뻐하는 나의 택한 사람을 보라. 내가 나의 신(神)을 그에게 주었은즉 그가 이방에 공의를 베풀리라. [2]그는 외치지 아니하며 목소리를 높이지 아니하며 그 소리로 거리에 들리게 아니하며 [3]상한 갈대를 꺾지 아니하며 꺼져 가는 등불을 끄지 아니하고 진리로 공의를 베풀 것이며 [4]그는 쇠하지 아니하며 낙담하지 아니하고 세상에 공의를 세우기에 이르리니 섬들이 그 교훈을 앙망하리라.

사 43:25

나 곧 나는 나를 위하여 네 허물을 도말(塗抹)하는 자니 네 죄를 기억지 아니하리라.

사 49:6

그가 가라사대 네가 나의 종이 되어 야곱의 지파들을 일으키며 이스라엘 중에 보전된 자를 돌아오게 할 것은 오히려 경한 일이라. 내가 또 너로 이방의 빛을 삼아 나의 구원을 베풀어서 땅 끝까지 이르게 하리라.

사 52:13-53:12

렘 23:5-6

나 여호와가 말하노라. 보라 때가 이르리니 내가 다윗에게 한 의로운 가지를 일으킬 것이라. 그가 왕이 되어 지혜롭게 행사하며 세상에서 공평과 정의를 행할 것이며 [6]그의 날에 유다는 구원을 얻겠고 이스라엘은 평안히 거할 것이며 그 이름은 여호와 우리의 의라 일컬음을 받으리라.

렘 31:32-33

나 여호와가 말하노라. 이 언약은 내가 그들의 열조의 손을 잡고 애굽 땅에서 인도하여 내던 날에 세운 것과 같지 아니할 것은 내가 그들의 남편이 되었어도 그들이 내 언약을 파하였음이니라. [33]나 여호와가 말하노라. 그러나 그 날 후에 내가 이스라엘 집에 세울 언약은 이러하니 곧 내가 나의 법을 그들의 속에 두며 그 마음에 기록하여 나는 그들의 하나님이 되고 그들은 내 백성이 될 것이라.

미 7:18-20

주와 같은 신이 어디 있으리이까? 주께서는 죄악을 사유(赦宥)하시며 그 기업의 남은 자의 허물을 넘기시며 인애를 기뻐하심으로 노를 항상 품지 아니하시나이다. [19]다시 우리를 긍휼히 여기셔서 우리의 죄악을 발로 밟으시고 우리의 모든 죄를 깊은 바다에 던지시리이다. [20]주께서 옛적에 우리 열조에게 맹세하신 대로 야곱에게 성실을 베푸시며 아브라함에게 인애를 더하시리이다.

요 5:46

모세를 믿었더면 또 나를 믿었으리니 이는 그가 내게 대하여 기록하였음이라.

행 3:22-24

모세가 말하되 주 하나님이 너희를 위하여 너희 형제 가운데서 나 같은 선지자 하나를 세울 것이니 너희가 무엇이든지 그 모든 말씀을 들을 것이라. [23]누구든지 그 선지자의 말을 듣지 아니하는 자는 백성 중에서 멸망받으리라 하였고 [24]또한 사무엘 때부터 옴으로 말한 모든 선지자도 이때를 가리켜 말하였느니라.

행 10:43

저에 대하여 모든 선지자도 증거하되 저를 믿는 사람들이 다 그 이름을 힘입어 죄 사함을 받는다 하였느니라.

롬 1:2

이 복음은 하나님이 선지자들로 말미암아 그의 아들에 관하여 성경에 미리 약속하신 것이라.

히 1:1

옛적에 선지자들로 여러 부분과 여러 모양으로 우리 조상들에게 말씀하신 하나님이.

15 **레 1-7장**

골 2:17

이것들은 장래 일의 그림자이나 몸은 그리스도의 것이니라.

히 10:1, 7

율법은 장차 오는 좋은 일의 그림자요 참 형상이 아니므로 해마다 늘 드리는 바 같은 제사로는 나아오는 자들을 언제든지 온전케 할 수 없느니라. [7]이에 내가 말하기를 하나님이여 보시옵소서. 두루마리 책에 나를 가리켜 기록한 것과 같이 하나님의 뜻을 행하러 왔나이다 하시니라.

16 **롬 10:4**

그리스도는 모든 믿는 자에게 의를 이루기 위하여 율법의 마침이 되시니라.

갈 3:24

이같이 율법이 우리를 그리스도에게로 인도하는 몽학(蒙學) 선생이 되어 우리로 하여금 믿음으로 말미암아 의롭다 함을 얻게 하려 함이니라.

갈 4:4-5

때가 차매 하나님이 그 아들을 보내사 여자에게서 나게 하시고 율법 아래 나게 하신 것은 [5]율법 아래 있는 자들을 속량(贖良)하시고 우리로 아들의 명분을 얻게 하려 하심이라.

골 2:17

이것들은 장래 일의 그림자이나 몸은 그리스도의 것이니라.

히 1:1-2

옛적에 선지자들로 여러 부분과 여러 모양으로 우리 조상들에게 말씀하신 하나님이 [2]이 모든 날 마지막에 아들로 우리에게 말씀하셨으니 이 아들을 만유의 후사(後嗣)로 세우시고 또 저로 말미암아 모든 세계를 지으셨느니라.

제7주일

20문 : 그러면 아담 안에서 모든 사람이 멸망한 것처럼
그리스도를 통하여 모든 사람이 구원을 받습니까?

답 : 아닙니다.[1]
참된 믿음으로
그리스도에게 연합되어
그의 모든 은덕(恩德)을 받아들이는 사람들만
구원을 받습니다.[2]

21문 : 참된 믿음이란 무엇입니까?

답 : 참된 믿음은
하나님께서
그의 말씀에서 우리에게 계시하신 모든 것이
진리라고 여기는 확실한 지식이며,[3]
동시에 성신께서[4]
복음으로써[5] 내 마음속에 일으키신
굳은 신뢰입니다.[6]
곧 순전히 은혜로,
오직 그리스도의 공로 때문에
하나님께서 죄 사함과 영원한 의로움과 구원을[7]
다른 사람뿐 아니라 나에게도 주심을[8]
믿는 것입니다.[9]

22문 : 그러면 그리스도인은 무엇을 믿어야 합니까?

답 : 복음에 약속된 모든 것을 믿어야 합니다.[10]

이 복음은
보편적이고
의심할 여지 없는
우리의 기독교 신앙의 조항들인
사도신경이
요약하여 가르쳐 줍니다.

사도신경에 관하여

23문 : 사도신경의 조항들은 무엇입니까?

답 : I. 1. 전능하신 성부 하나님, 천지의 창조주를
나는 믿사오며,
II. 2. 그의 독생자 우리 주 예수 그리스도를
또한 믿사오니,
3. 그분은 성신으로 잉태되사,
동정녀 마리아에게서 나셨으며,
4. 본디오 빌라도 아래에서 고난을 받으사,
십자가에 못 박히시고 죽으시고 장사되셨고,
음부에 내려가셨으며,
5. 사흗날에 죽은 자들 가운데서 부활하셨고,
6. 하늘에 오르셨고,
전능하신 성부 하나님 우편에 앉아 계시며,
7. 거기로부터 살아 있는 자들과 죽은 자들을
심판하러 오실 것입니다.
III. 8. 성신을 나는 믿사오며,
9. 거룩한 보편적 교회와 성도의 교제와

10. 죄 사함과

11. 육신의 부활과

12. 영원한 생명을 믿사옵나이다. 아멘.

1 **마** 7:14

생명으로 인도하는 문은 좁고 길이 협착하여 찾는 이가 적음이니라.

마 22:14

청함을 받은 자는 많되 택함을 입은 자는 적으니라.

2 **시** 2:12

그 아들에게 입 맞추라. 그렇지 아니하면 진노하심으로 너희가 길에서 망하리니 그 진노가 급하심이라. 여호와를 의지하는 자는 다 복이 있도다.

막 16:16

믿고 세례를 받는 사람은 구원을 얻을 것이요 믿지 않는 사람은 정죄를 받으리라.

요 1:12-13

영접하는 자 곧 그 이름을 믿는 자들에게는
하나님의 자녀가 되는 권세를 주셨으니 [13]이는
혈통으로나 육정으로나 사람의 뜻으로 나지 아니하고 오직 하나님께로서 난 자들이니라.

요 3:16, 18, 36

하나님이 세상을 이처럼 사랑하사 독생자를 주셨으니 이는 저를 믿는 자마다 멸망치 않고
영생을 얻게 하려 하심이니라. [18]저를 믿는 자는 심판을 받지 아니하는 것이요 믿지 아니하는 자는 하나님의 독생자의 이름을 믿지 아니
하므로 벌써 심판을 받은 것이니라. [36]아들을
믿는 자는 영생이 있고 아들을 순종치 아니하는 자는 영생을 보지 못하고 도리어 하나님의 진노가 그 위에 머물러 있느니라.

롬 3:22

곧 예수 그리스도를 믿음으로 말미암아 모든 믿는 자에게 미치는 하나님의 의니 차별이 없느니라.

롬 11:20

옳도다. 저희는 믿지 아니하므로 꺾이우고 너는 믿으므로 섰느니라. 높은 마음을 품지 말고 도리어 두려워하라.

히 4:2-3

저희와 같이 우리도 복음 전함을 받은 자이나 그러나 그 들은 바 말씀이 저희에게 유익되지 못한 것은 듣는 자가 믿음을 화합지 아니함
이라. [3]이미 믿는 우리들은 저 안식에 들어가
는도다. 그 말씀하신 바와 같으니 내가 노하여 맹세한 바와 같이 저희가 내 안식에 들어오지 못하리라 하셨다 하였으나 세상을 창조할 때부터 그 일이 이루었느니라.

히 5:9

온전하게 되었은즉 자기를 순종하는 모든 자에게 영원한 구원의 근원이 되시고.

히 10:39

우리는 뒤로 물러가 침륜(沉淪)에 빠질 자가 아니요 오직 영혼을 구원함에 이르는 믿음을 가진 자니라.

히 11:6

믿음이 없이는 기쁘시게 못하나니 하나님께 나아가는 자는 반드시 그가 계신 것과 또한 그가 자기를 찾는 자들에게 상 주시는 이심을 믿어야 할지니라.

3 **요** 17:3

영생은 곧 유일하신 참 하나님과 그의 보내신 자 예수 그리스도를 아는 것이니이다.

롬 4:20-21

믿음이 없어 하나님의 약속을 의심치 않고
믿음에 견고하여져서 하나님께 영광을 돌리며
[21]약속하신 그것을 또한 능히 이루실 줄을 확신하였으니.

히 11:1, 3

믿음은 바라는 것들의 실상이요 보지 못하는 것들의 증거니 [3]믿음으로 모든 세계가 하나님의 말씀으로 지어진 줄을 우리가 아나니 보이는 것은 나타난 것으로 말미암아 된 것이 아니니라.

약 1:6

오직 믿음으로 구하고 조금도 의심하지 말라. 의심하는 자는 마치 바람에 밀려 요동하는 바다 물결 같으니.

4 **마 16:17**

예수께서 대답하여 가라사대 바요나 시몬아 네가 복이 있도다. 이를 네게 알게 한 이는 혈육이 아니요 하늘에 계신 내 아버지시니라.

요 3:5

예수께서 대답하시되 진실로 진실로 네게 이르노니 사람이 물과 성령으로 나지 아니하면 하나님 나라에 들어갈 수 없느니라.

행 16:14

두아디라 성의 자주(紫紬) 장사로서 하나님을 공경하는 루디아라 하는 한 여자가 들었는데 주께서 그 마음을 열어 바울의 말을 청종하게 하신지라.

고후 4:13

기록한 바 내가 믿는 고로 말하였다 한 것같이 우리가 같은 믿음의 마음을 가졌으니 우리도 믿는 고로 또한 말하노라.

빌 1:19

이것이 너희 간구와 예수 그리스도의 성령의 도우심으로 내 구원에 이르게 할 줄 아는 고로.

5 **막 16:15**

또 가라사대 너희는 온 천하에 다니며 만민에게 복음을 전파하라.

행 10:44

베드로가 이 말 할 때에 성령이 말씀 듣는 모든 사람에게 내려오시니.

행 16:14

두아디라 성의 자주(紫紬) 장사로서 하나님을 공경하는 루디아라 하는 한 여자가 들었는데 주께서 그 마음을 열어 바울의 말을 청종하게 하신지라.

롬 1:16

내가 복음을 부끄러워하지 아니하노니 이 복음은 모든 믿는 자에게 구원을 주시는 하나님의 능력이 됨이라. 첫째는 유대인에게요 또한 헬라인에게로다.

롬 10:17

그러므로 믿음은 들음에서 나며 들음은 그리스도의 말씀으로 말미암았느니라.

고전 1:21

하나님의 지혜에 있어서는 이 세상이 자기 지혜로 하나님을 알지 못하는 고로 하나님께서 전도의 미련한 것으로 믿는 자들을 구원하시기를 기뻐하셨도다.

6 **시 9:10**

여호와여 주의 이름을 아는 자는 주를 의지하오리니 이는 주를 찾는 자들을 버리지 아니하심이니이다.

롬 4:16-21

그러므로 후사(後嗣)가 되는 이것이 은혜에 속하기 위하여 믿음으로 되나니 이는 그 약속을 그 모든 후손에게 굳게 하려 하심이라. 율법에 속한 자에게뿐 아니라 아브라함의 믿음에 속한 자에게도니 아브라함은 하나님 앞에서 우리 모든 사람의 조상이라. [17]기록된 바 내가 너를 많은 민족의 조상으로 세웠다 하심과 같으니 그의 믿은 바 하나님은 죽은 자를 살리시며 없는 것을 있는 것같이 부르시는 이시니라. [18]아브라함이 바랄 수 없는 중에 바라고 믿었으니 이는 네 후손이 이 같으리라 하신 말씀대로 많은 민족의 조상이 되게 하려 하심을 인함이라. [19]그가 백 세나 되어 자기 몸의 죽은 것 같음과 사라의 태의 죽은 것 같음을 알고도 믿음이 약하여지지 아니하고 [20]믿음이 없어 하나님의 약속을 의심치 않고 믿음에 견고하여져서 하나님께 영광을 돌리며 [21]약속하신 그것을 또한 능히 이루실 줄을 확신하였으니.

롬 5:1

그러므로 우리가 믿음으로 의롭다 하심을

얻었은즉 우리 주 예수 그리스도로 말미암아 하나님으로 더불어 화평을 누리자.

롬 10:10

사람이 마음으로 믿어 의에 이르고 입으로 시인하여 구원에 이르느니라.

엡 3:12

우리가 그 안에서 그를 믿음으로 말미암아 담대함과 하나님께 당당히 나아감을 얻느니라.

히 4:16

그러므로 우리가 긍휼하심을 받고 때를 따라 돕는 은혜를 얻기 위하여 은혜의 보좌 앞에 담대히 나아갈 것이니라.

7 **눅** 1:77-78

주의 백성에게 그 죄 사함으로 말미암는 구원을 알게 하리니 [78]이는 우리 하나님의 긍휼을 인함이라.

요 20:31

오직 이것을 기록함은 너희로 예수께서 하나님의 아들 그리스도이심을 믿게 하려 함이요 또 너희로 믿고 그 이름을 힘입어 생명을 얻게 하려 함이니라.

행 10:43

저에 대하여 모든 선지자도 증거하되 저를 믿는 사람들이 다 그 이름을 힘입어 죄 사함을 받는다 하였느니라.

롬 3:24

그리스도 예수 안에 있는 구속(救贖)으로 말미암아 하나님의 은혜로 값없이 의롭다 하심을 얻은 자 되었느니라.

롬 5:19

한 사람의 순종치 아니함으로 많은 사람이 죄인 된 것같이 한 사람의 순종하심으로 많은 사람이 의인이 되리라.

갈 2:16

사람이 의롭게 되는 것은 율법의 행위에서 난 것이 아니요 오직 예수 그리스도를 믿음으로 말미암는 줄 아는 고로 우리도 그리스도 예수를 믿나니 이는 우리가 율법의 행위에서 아니고 그리스도를 믿음으로서 의롭다 함을 얻으려 함이라. 율법의 행위로서는 의롭다 함을 얻을 육체가 없느니라.

엡 2:8

너희가 그 은혜를 인하여 믿음으로 말미암아 구원을 얻었나니 이것이 너희에게서 난 것이 아니요 하나님의 선물이라.

히 10:10

이 뜻을 좇아 예수 그리스도의 몸을 단번에 드리심으로 말미암아 우리가 거룩함을 얻었노라.

8 **딤후** 4:8

이제 후로는 나를 위하여 의의 면류관이 예비되었으므로 주 곧 의로우신 재판장이 그날에 내게 주실 것이니 내게만 아니라 주의 나타나심을 사모하는 모든 자에게니라.

9 **합** 2:4

보라 그의 마음은 교만하며 그의 속에서 정직하지 못하니라. 그러나 의인은 그 믿음으로 말미암아 살리라.

롬 1:17

복음에는 하나님의 의가 나타나서 믿음으로 믿음에 이르게 하나니 기록된 바 오직 의인은 믿음으로 말미암아 살리라 함과 같으니라.

갈 3:11

또 하나님 앞에서 아무나 율법으로 말미암아 의롭게 되지 못할 것이 분명하니 이는 의인이 믿음으로 살리라 하였음이니라.

히 10:38

오직 나의 의인은 믿음으로 말미암아 살리라. 또한 뒤로 물러가면 내 마음이 저를 기뻐하지 아니하리라 하셨느니라.

10 **마** 28:19-20

그러므로 너희는 가서 모든 족속으로 제자를 삼아 아버지와 아들과 성령의 이름으로 세례를 주고 [20]내가 너희에게 분부한 모든 것을 가르쳐 지키게 하라. 볼지어다 내가 세상 끝 날까지 너희와 항상 함께 있으리라 하시니라.

막 1:15

가라사대 때가 찼고 하나님 나라가 가까왔으니 회개하고 복음을 믿으라 하시더라.

요 20:31

오직 이것을 기록함은 너희로 예수께서 하나님의 아들 그리스도이심을 믿게 하려 함이요 또 너희로 믿고 그 이름을 힘입어 생명을 얻게 하려 함이니라.

제8주일

24문 : 이 조항들은 어떻게 나누어집니까?

답 : 세 부분으로 나누어집니다.
첫째, 성부 하나님과 우리의 창조,
둘째, 성자 하나님과 우리의 구속(救贖),
셋째, 성신 하나님과 우리의 성화(聖化)에 관한 것입니다.

25문 : 오직 한 분 하나님만 계시는데,[1]
당신은 왜 삼위,
곧 성부 · 성자 · 성신을 말합니까?

답 : 왜냐하면 하나님께서 자신을 그의 말씀에서 그렇게 계시하셨기 때문입니다.
곧 이 구별된 삼위는 한 분이시요 참되고 영원하신 하나님이십니다.[2]

1 **신** 6:4

이스라엘아 들으라. 우리 하나님 여호와는 오직 하나인 여호와시니.

사 44:6

이스라엘의 왕인 여호와, 이스라엘의 구속자(救贖者)인 만군의 여호와가 말하노라. 나는 처음이요 나는 마지막이라. 나 외에 다른 신이 없느니라.

사 45:5

나는 여호와라. 나 외에 다른 이가 없나니 나 밖에 신이 없느니라. 너는 나를 알지 못하였을지라도 나는 네 띠를 동일 것이요.

고전 8:4, 6

그러므로 우상의 제물 먹는 일에 대하여는 우리가 우상은 세상에 아무것도 아니며 또한 하나님은 한 분밖에 없는 줄 아노라. [6]그러나 우리에게는 한 하나님 곧 아버지가 계시니 만물이 그에게서 났고 우리도 그를 위하며 또한 한 주 예수 그리스도께서 계시니 만물이 그로 말미암고 우리도 그로 말미암았느니라.

엡 4:5-6

주도 하나이요 믿음도 하나이요 세례도 하나이요 [6]하나님도 하나이시니 곧 만유의 아버지시라. 만유 위에 계시고 만유를 통일하시고 만유 가운데 계시도다.

2 **창** 1:2-3

땅이 혼돈하고 공허하며 흑암이 깊음 위에 있고 하나님의 신은 수면에 운행하시니라. [3]하나님이 가라사대 빛이 있으라 하시매 빛이 있었고.

사 61:1

주 여호와의 신이 내게 임하셨으니 이는 여호와께서 내게 기름을 부으사 가난한 자에게 아름다운 소식을 전하게 하려 하심이라. 나를 보내사 마음이 상한 자를 고치며 포로 된 자에게 자유를, 갇힌 자에게 놓임을 전파하며.

사 63:8-10

여호와께서 말씀하시되 그들은 실로 나의 백성이요 거짓을 행치 아니하는 자녀라 하시고 그들의 구원자가 되사 [9]그들의 모든 환난에 동참하사 자기 앞의 사자로 그들을 구원하시며 그 사랑과 그 긍휼로 그들을 구속(救贖)하시고 옛적 모든 날에 그들을 드시며 안으셨으나 [10]그들이 반역하여 주의 성신을 근심케 하였으므로 그가 돌이켜 그들의 대적이 되사 친히 그들을 치셨더니.

마 3:16-17

예수께서 세례를 받으시고 곧 물에서 올라오실새 하늘이 열리고 하나님의 성령이 비둘기같이 내려 자기 위에 임하심을 보시더니 [17]하늘로서 소리가 있어 말씀하시되 이는 내 사랑하는 아들이요 내 기뻐하는 자라 하시니라.

마 28:19

그러므로 너희는 가서 모든 족속으로 제자를 삼아 아버지와 아들과 성령의 이름으로 세례를 주고.

눅 1:35

천사가 대답하여 가로되 성령이 네게 임하시고 지극히 높으신 이의 능력이 너를 덮으시리니 이러므로 나실 바 거룩한 자는 하나님의 아들이라 일컬으리라.

눅 4:18

주의 성령이 내게 임하셨으니 이는 가난한 자에게 복음을 전하게 하시려고 내게 기름을 부으시고 나를 보내사 포로 된 자에게 자유를, 눈먼 자에게 다시 보게 함을 전파하며 눌린 자를 자유케 하고.

요 14:26

보혜사(保惠師) 곧 아버지께서 내 이름으로 보내실 성령 그가 너희에게 모든 것을 가르치시고 내가 너희에게 말한 모든 것을 생각나게 하시리라.

요 15:26

내가 아버지께로서 너희에게 보낼 보혜사 곧 아버지께로서 나오시는 진리의 성령이 오실 때에 그가 나를 증거하실 것이요.

행 2:32-33

이 예수를 하나님이 살리신지라. 우리가 다 이 일에 증인이로다. [33]하나님이 오른손으로 예수를 높이시매 그가 약속하신 성령을 아버지께 받아서 너희 보고 듣는 이것을 부어 주셨느니라.

고후 13:13

주 예수 그리스도의 은혜와 하나님의 사랑과 성령의 교통하심이 너희 무리와 함께 있을지어다.

갈 4:6

너희가 아들인 고로 하나님이 그 아들의 영을 우리 마음 가운데 보내사 아바 아버지라 부르게 하셨느니라.

엡 2:18

이는 저로 말미암아 우리 둘이 한 성령 안에서 아버지께 나아감을 얻게 하려 하심이라.

딛 3:4-6

우리 구주 하나님의 자비와 사람 사랑하심을 나타내실 때에 [5]우리를 구원하시되 우리의 행한 바 의로운 행위로 말미암지 아니하고 오직 그의 긍휼하심을 좇아 중생의 씻음과 성령의 새롭게 하심으로 하셨나니 [6]성령을 우리 구주 예수 그리스도로 말미암아 우리에게 풍성히 부어 주사.

성부 하나님과 우리의 창조에 관하여

제9주일

26문 : "전능하신 성부 하나님, 천지의 창조주를
나는 믿사오며"라고 고백할 때
당신은 무엇을 믿습니까?

답 : 우리 주 예수 그리스도의 영원하신 아버지께서
아무것도 없는 중에서
하늘과 땅과 그 가운데 있는 모든 것을
창조하셨고,[1]
또한 그의 영원한 작정과 섭리로써
이 모든 것을
여전히 보존하고 다스리심을 믿으며,[2]
이 하나님께서
그의 아들 그리스도 때문에
나의 하나님과 나의 아버지가 되심을
나는 믿습니다.[3]
그분을 전적으로 신뢰하기에
그가 나의 몸과 영혼에 필요한 모든 것을
채워 주시며,[4]
이 눈물 골짜기 같은 세상에서 당하게 하시는
어떠한 악도
합력하여 선을 이루게 하실 것을
나는 조금도 의심치 않습니다.[5]
그는 전능하신 하나님이기에 그리하실 수 있고,[6]
신실하신 아버지이기에 그리하기를 원하십니다.[7]

1 **창 1:1**

태초에 하나님이 천지를 창조하시니라.

창 2:3

하나님이 일곱째 날을 복 주사 거룩하게 하셨으니 이는 하나님이 그 창조하시며 만드시던 모든 일을 마치시고 이날에 안식하셨음이더라.

출 20:11

이는 엿새 동안에 나 여호와가 하늘과 땅과 바다와 그 가운데 모든 것을 만들고 제 칠일에 쉬었음이라. 그러므로 나 여호와가 안식일을 복되게 하여 그날을 거룩하게 하였느니라.

욥 38:4-11

내가 땅의 기초를 놓을 때에 네가 어디 있었느냐? 네가 깨달아 알았거든 말할지니라. [5]누가 그 도량(度量)을 정하였었는지, 누가 그 준승(準繩)을 그 위에 띄웠었는지 네가 아느냐? [6]그 주초(柱礎)는 무엇 위에 세웠으며 그 모퉁이 돌은 누가 놓았었느냐? [7]그때에 새벽별들이 함께 노래하며 하나님의 아들들이 다 기쁘게 소리하였었느니라. [8]바닷물이 태에서 나옴같이 넘쳐흐를 때에 문으로 그것을 막은 자가 누구냐? [9]그때에 내가 구름으로 그 의복을 만들고 흑암으로 그 강보(襁褓)를 만들고 [10]계한(界限)을 정하여 문과 빗장을 베풀고 [11]이르기를 네가 여기까지 오고 넘어가지 못하리니 네 교만한 물결이 여기 그칠지니라 하였었노라.

시 33:6

여호와의 말씀으로 하늘이 지음이 되었으며 그 만상이 그 입 기운으로 이루었도다.

사 40:26

너희는 눈을 높이 들어 누가 이 모든 것을 창조하였나 보라. 주께서는 수효대로 만상을 이끌어 내시고 각각 그 이름을 부르시나니 그의 권세가 크고 그의 능력이 강하므로 하나도 빠짐이 없느니라.

사 44:24

네 구속자(救贖者)요 모태에서 너를 조성한 나 여호와가 말하노라. 나는 만물을 지은 여호와라. 나와 함께한 자 없이 홀로 하늘을 폈으며 땅을 베풀었고,

행 4:24

저희가 듣고 일심으로 하나님께 소리를 높여 가로되 대주재여 천지와 바다와 그 가운데 만유를 지은 이시요.

행 14:15

가로되 여러분이여 어찌하여 이러한 일을 하느냐? 우리도 너희와 같은 성정을 가진 사람이라. 너희에게 복음을 전하는 것은 이 헛된 일을 버리고 천지와 바다와 그 가운데 만유를 지으시고 살아 계신 하나님께로 돌아오라 함이라.

2 **시 104:2-5, 27-30**

주께서 옷을 입음같이 빛을 입으시며 하늘을 휘장같이 치시며 [3]물에 자기 누각의 들보를 얹으시며 구름으로 자기 수레를 삼으시고 바람 날개로 다니시며 [4]바람으로 자기 사자를 삼으시며 화염으로 자기 사역자를 삼으시며 [5]땅의 기초를 두사 영원히 요동치 않게 하셨나이다. [27]이것들이 다 주께서 때를 따라 식물 주시기를 바라나이다. [28]주께서 주신즉 저희가 취하며 주께서 손을 펴신즉 저희가 좋은 것으로 만족하다가 [29]주께서 낯을 숨기신즉 저희가 떨고 주께서 저희 호흡을 취하신즉 저희가 죽어 본 흙으로 돌아가나이다. [30]주의 영을 보내어 저희를 창조하사 지면을 새롭게 하시나이다.

시 115:3

오직 우리 하나님은 하늘에 계셔서 원하시는 모든 것을 행하셨나이다.

마 10:29-30

참새 두 마리가 한 앗사리온에 팔리는 것이 아니냐? 그러나 너희 아버지께서 허락지 아니하시면 그 하나라도 땅에 떨어지지 아니하리라. [30]너희에게는 머리털까지 다 세신 바 되었나니.

롬 11:36

이는 만물이 주에게서 나오고 주로 말미암고 주에게로 돌아감이라. 영광이 그에게 세세에 있으리로다. 아멘.

엡 1:11

모든 일을 그 마음의 원대로 역사(役事)하시는 자의 뜻을 따라 우리가 예정을 입어 그 안에서 기업이 되었으니.

3 **요** 1:12

영접하는 자 곧 그 이름을 믿는 자들에게는 하나님의 자녀가 되는 권세를 주셨으니.

요 20:17

예수께서 이르시되 나를 만지지 말라. 내가 아직 아버지께로 올라가지 못하였노라. 너는 내 형제들에게 가서 이르되 내가 내 아버지 곧 너희 아버지, 내 하나님 곧 너희 하나님께로 올라간다 하라 하신대.

롬 8:15

너희는 다시 무서워하는 종의 영을 받지 아니하였고 양자(養子)의 영을 받았으므로 아바 아버지라 부르짖느니라.

갈 4:5-7

율법 아래 있는 자들을 속량(贖良)하시고 우리로 아들의 명분을 얻게 하려 하심이라. [6]너희가 아들인 고로 하나님이 그 아들의 영을 우리 마음 가운데 보내사 아바 아버지라 부르게 하셨느니라. [7]그러므로 네가 이후로는 종이 아니요 아들이니 아들이면 하나님으로 말미암아 유업을 이을 자니라.

엡 1:5

그 기쁘신 뜻대로 우리를 예정하사 예수 그리스도로 말미암아 자기의 아들들이 되게 하셨으니.

4 **시** 55:22

네 짐을 여호와께 맡겨 버리라. 너를 붙드시고 의인의 요동함을 영영히 허락지 아니하시리로다.

마 6:25-26

그러므로 내가 너희에게 이르노니 목숨을 위하여 무엇을 먹을까 무엇을 마실까 몸을 위하여 무엇을 입을까 염려하지 말라. 목숨이 음식보다 중하지 아니하며 몸이 의복보다 중하지 아니하냐? [26]공중의 새를 보라. 심지도 않고 거두지도 않고 창고에 모아들이지도 아니하되 너희 천부께서 기르시나니 너희는 이것들보다 귀하지 아니하냐?

눅 12:22-24

또 제자들에게 이르시되 그러므로 내가 너희에게 이르노니 너희 목숨을 위하여 무엇을 먹을까 몸을 위하여 무엇을 입을까 염려하지 말라. [23]목숨이 음식보다 중하고 몸이 의복보다 중하니라. [24]까마귀를 생각하라. 심지도 아니하고 거두지도 아니하며 골방도 없고 창고도 없으되 하나님이 기르시나니 너희는 새보다 얼마나 더 귀하냐?

5 **시** 84:5-6

주께 힘을 얻고 그 마음에 시온의 대로가 있는 자는 복이 있나이다. [6]저희는 눈물 골짜기로 통행할 때에 그 곳으로 많은 샘의 곳이 되게 하며 이른 비도 은택을 입히나이다.

롬 8:28

우리가 알거니와 하나님을 사랑하는 자 곧 그 뜻대로 부르심을 입은 자들에게는 모든 것이 합력하여 선을 이루느니라.

6 **창** 17:1

아브람의 구십구 세 때에 여호와께서 아브람에게 나타나서 그에게 이르시되 나는 전능한 하나님이라. 너는 내 앞에서 행하여 완전하라.

창 18:14

여호와께 능치 못한 일이 있겠느냐? 기한이 이를 때에 내가 네게로 돌아오리니 사라에게 아들이 있으리라.

롬 8:37-39

그러나 이 모든 일에 우리를 사랑하시는 이로 말미암아 우리가 넉넉히 이기느니라. [38]내가 확신하노니 사망이나 생명이나 천사들이나 권세자들이나 현재 일이나 장래 일이나 능력이나 [39]높음이나 깊음이나 다른 아무 피조물이라도 우리를 우리 주 그리스도 예수 안에 있는 하나님의 사랑에서 끊을 수 없으리라.

롬 10:12

유대인이나 헬라인이나 차별이 없음이라.

한 주께서 모든 사람의 주가 되사 저를 부르는 모든 사람에게 부요하시도다.

계 1:8

주 하나님이 가라사대 나는 알파와 오메가라. 이제도 있고 전에도 있었고 장차 올 자요 전능한 자라 하시더라.

7 **마** 6:32-33

이는 다 이방인들이 구하는 것이라. 너희 천
부께서 이 모든 것이 너희에게 있어야 할 줄을
아시느니라. [33]너희는 먼저 그의 나라와 그의
의를 구하라. 그리하면 이 모든 것을 너희에게
더하시리라.

마 7:9-11

너희 중에 누가 아들이 떡을 달라 하면 돌을
주며 [10]생선을 달라 하면 뱀을 줄 사람이 있겠
느냐? [11]너희가 악한 자라도 좋은 것으로 자식
에게 줄 줄 알거든 하물며 하늘에 계신 너희 아
버지께서 구하는 자에게 좋은 것으로 주시지
않겠느냐?

제10주일

27문 : 하나님의 섭리란 무엇입니까?

답 : 섭리란 하나님의 전능하고
언제 어디나 미치는 능력으로,[1]
하나님께서
마치 자신의 손으로 하듯이,
하늘과 땅과 모든 피조물을
여전히 보존하고 다스리시는 것입니다.[2]
그리하여 잎새와 풀, 비와 가뭄,[3] 풍년과 흉년,
먹을 것과 마실 것, 건강과 질병, 부와 가난,
참으로 이 모든 것이[4]
우연이 아니라
아버지와 같은 그의 손길로
우리에게 임합니다.[5]

28문 : 하나님께서 모든 것을 창조하시고
섭리로써 여전히 보존하심을 아는 것이
우리에게 어떤 유익을 줍니까?

답 : 우리는 어떠한 역경에서도 인내하고,[6]
형통할 때에 감사하며,[7]
또한 장래 일에 대해서도
우리의 신실하신 하나님 아버지를 굳게 신뢰하여
어떠한 피조물이라도
우리를 하나님의 사랑에서
끊을 수 없으리라 확신합니다.[8]
모든 피조물이 완전히 하나님의 손안에 있으므로

그의 뜻을 거슬러 일어나거나 되는 일은
하나도 없습니다.[9]

1 **시** 94:9-10

귀를 지으신 자가 듣지 아니하시랴? 눈을 만
드신 자가 보지 아니하시랴? [10]열방을 징벌하
시는 자 곧 지식으로 사람을 교훈하시는 자가
징치하지 아니하시랴?

사 29:15-16

화 있을진저. 자기의 도모를 여호와께 깊이
숨기려 하는 자여. 그 일을 어두운 데서 행하며
이르기를 누가 우리를 보랴 누가 우리를 알랴
하니 [16]너희의 패리(悖理)함이 심하도다. 토기
장이를 어찌 진흙같이 여기겠느냐? 지음을 받
은 물건이 어찌 자기를 지은 자에 대하여 이르
기를 그가 나를 짓지 아니하였다 하겠으며 빚
음을 받은 물건이 자기를 빚은 자에 대하여 이
르기를 그가 총명이 없다 하겠느냐?

렘 23:23-24

나 여호와가 말하노라. 나는 가까운 데 하나
님이요 먼 데 하나님은 아니냐? [24]나 여호와가
말하노라. 사람이 내게 보이지 아니하려고 누
가 자기를 은밀한 곳에 숨길 수 있겠느냐? 나
여호와가 말하노라. 나는 천지에 충만하지 아
니하냐?

겔 8:12

또 내게 이르시되 인자야 이스라엘 족속의
장로들이 각각 그 우상의 방안 어두운 가운데
서 행하는 것을 네가 보았느냐? 그들이 이르기
를 여호와께서 우리를 보지 아니하시며 이 땅
을 버리셨다 하느니라.

마 17:27

그러나 우리가 저희로 오해케 하지 않기 위
하여 네가 바다에 가서 낚시를 던져 먼저 오르
는 고기를 가져 입을 열면 돈 한 세겔을 얻을
것이니 가져다가 나와 너를 위하여 주라 하시
니라.

행 17:25-28

또 무엇이 부족한 것처럼 사람의 손으로 섬
김을 받으시는 것이 아니니 이는 만민에게 생
명과 호흡과 만물을 친히 주시는 자이심이라.
[26]인류의 모든 족속을 한 혈통으로 만드사 온
땅에 거하게 하시고 저희의 연대(年代)를 정하
시며 거주의 경계를 한(限)하셨으니 [27]이는 사
람으로 하나님을 혹 더듬어 찾아 발견케 하려
하심이로되 그는 우리 각 사람에게서 멀리 떠
나 계시지 아니하도다. [28]우리가 그를 힘입어
살며 기동(起動)하며 있느니라.

2 **히** 1:3

이는 하나님의 영광의 광채시요 그 본체의
형상이시라. 그의 능력의 말씀으로 만물을 붙
드시며 죄를 정결케 하는 일을 하시고 높은 곳
에 계신 위엄의 우편에 앉으셨느니라.

3 **렘** 5:24

또 너희 마음으로 우리에게 이른 비와 늦은
비를 때를 따라 주시며 우리를 위하여 추수 기
한을 정하시는 우리 하나님 여호와를 경외하
자 말하지도 아니하니.

행 14:17

그러나 자기를 증거하지 아니하신 것이 아
니니 곧 너희에게 하늘로서 비를 내리시며 결
실기를 주시는 선한 일을 하사 음식과 기쁨으
로 너희 마음에 만족케 하셨느니라.

4 **잠** 22:2

빈부가 섞여 살거니와 무릇 그들을 지으신
이는 여호와시니라.

요 9:3

예수께서 대답하시되 이 사람이나 그 부모
가 죄를 범한 것이 아니라 그에게서 하나님의
하시는 일을 나타내고자 하심이니라.

5 **잠** 16:33
사람이 제비는 뽑으나 일을 작정하기는 여호와께 있느니라.

마 10:29-30
참새 두 마리가 한 앗사리온에 팔리는 것이 아니냐? 그러나 너희 아버지께서 허락지 아니하시면 그 하나라도 땅에 떨어지지 아니하리라. [30]너희에게는 머리털까지 다 세신 바 되었나니.

6 **욥** 1:21-22
가로되 내가 모태에서 적신(赤身)이 나왔사온즉 또한 적신이 그리로 돌아가올지라. 주신 자도 여호와시요 취하신 자도 여호와시오니 여호와의 이름이 찬송을 받으실지니이다 하고 [22]이 모든 일에 욥이 범죄하지 아니하고 하나님을 향하여 어리석게 원망하지 아니하니라.

시 39:9
내가 잠잠하고 입을 열지 아니하옴은 주께서 이를 행하신 연고니이다.

롬 5:3-4
다만 이뿐 아니라 우리가 환난 중에도 즐거워하나니 이는 환난은 인내를, [4]인내는 연단을, 연단은 소망을 이루는 줄 앎이로다.

약 1:3
이는 너희 믿음의 시련이 인내를 만들어 내는 줄 너희가 앎이라.

7 **신** 8:10
네가 먹어서 배 불리고 네 하나님 여호와께서 옥토로 네게 주셨음을 인하여 그를 찬송하리라.

살전 5:18
범사에 감사하라. 이는 그리스도 예수 안에서 너희를 향하신 하나님의 뜻이니라.

8 **시** 55:22
네 짐을 여호와께 맡겨 버리라. 너를 붙드시고 의인의 요동함을 영영히 허락지 아니하시리로다.

롬 5:4-5
인내는 연단을, 연단은 소망을 이루는 줄 앎이로다. [5]소망이 부끄럽게 아니함은 우리에게 주신 성령으로 말미암아 하나님의 사랑이 우리 마음에 부은 바 됨이니.

롬 8:38-39
내가 확신하노니 사망이나 생명이나 천사들이나 권세자들이나 현재 일이나 장래 일이나 능력이나 [39]높음이나 깊음이나 다른 아무 피조물이라도 우리를 우리 주 그리스도 예수 안에 있는 하나님의 사랑에서 끊을 수 없으리라.

9 **욥** 1:12
여호와께서 사단에게 이르시되 내가 그의 소유물을 다 네 손에 붙이노라. 오직 그의 몸에는 네 손을 대지 말지니라. 사단이 곧 여호와 앞에서 물러가니라.

욥 2:6
여호와께서 사단에게 이르시되 내가 그를 네 손에 붙이노라. 오직 그의 생명은 해하지 말지니라.

잠 21:1
왕의 마음이 여호와의 손에 있음이 마치 보(洑)의 물과 같아서 그가 임의로 인도하시느니라.

행 17:25-28
또 무엇이 부족한 것처럼 사람의 손으로 섬김을 받으시는 것이 아니니 이는 만민에게 생명과 호흡과 만물을 친히 주시는 자이심이라. [26]인류의 모든 족속을 한 혈통으로 만드사 온 땅에 거하게 하시고 저희의 년대를 정하시며 거주의 경계를 한(限)하셨으니 [27]이는 사람으로 하나님을 혹 더듬어 찾아 발견케 하려 하심이로되 그는 우리 각 사람에게서 멀리 떠나 계시지 아니하도다. [28]우리가 그를 힘입어 살며 기동(起動)하며 있느니라.

성자 하나님과 우리의 구속(救贖)에 관하여

제11주일

29문 : 왜 하나님의 아들을 예수,
곧 구주(救主)라 부릅니까?

답 : 그가 우리를
우리 죄에서 구원하시기 때문이고,[1]
또 그분 외에는 어디에서도
구원을 찾아서도 안 되며
발견할 수도 없기 때문입니다.[2]

30문 : 그렇다면 자신의 구원과 복을
소위 성인(聖人)에게서,
혹은 자기 자신이나
다른 데서 찾는 사람들도
유일한 구주이신 예수를 믿는 것입니까?

답 : 아닙니다.
그들은 유일한 구주이신 예수를
말로는 자랑하지만
행위로는 부인합니다.[3]
예수가 완전한 구주가 아니든지,
아니면 참된 믿음으로 이 구주를 영접한 자들이
그들의 구원에 필요한 모든 것을
그에게서 찾든지,
둘 중의 하나만 사실입니다.[4]

1 **마** 1:21

아들을 낳으리니 이름을 예수라 하라. 이는 그가 자기 백성을 저희 죄에서 구원할 자이심이라 하니라.

히 7:25

그러므로 자기를 힘입어 하나님께 나아가는 자들을 온전히 구원하실 수 있으니 이는 그가 항상 살아서 저희를 위하여 간구하심이니라.

2 **사** 43:11

나 곧 나는 여호와라. 나 외에 구원자가 없느니라.

행 4:11-12

이 예수는 너희 건축자들의 버린 돌로서 집 모퉁이의 머릿돌이 되었느니라. [12]다른 이로서는 구원을 얻을 수 없나니 천하 인간에 구원을 얻을 만한 다른 이름을 우리에게 주신 일이 없음이니라 하였더라.

딤전 2:5

하나님은 한 분이시요 또 하나님과 사람 사이에 중보(中保)도 한 분이시니 곧 사람이신 그리스도 예수라.

요일 5:11-12

또 증거는 이것이니 하나님이 우리에게 영생을 주신 것과 이 생명이 그의 아들 안에 있는 그것이니라. [12]아들이 있는 자에게는 생명이 있고 하나님의 아들이 없는 자에게는 생명이 없느니라.

3 **고전** 1:13, 30-31

그리스도께서 어찌 나뉘었느뇨? 바울이 너희를 위하여 십자가에 못 박혔으며 바울의 이름으로 너희가 세례를 받았느뇨? [30]너희는 하나님께로부터 나서 그리스도 예수 안에 있고 예수는 하나님께로서 나와서 우리에게 지혜와 의로움과 거룩함과 구속(救贖)함이 되셨으니 [31]기록된 바 자랑하는 자는 주 안에서 자랑하라 함과 같게 하려 함이니라.

갈 5:4

율법 안에서 의롭다 함을 얻으려 하는 너희는 그리스도에게서 끊어지고 은혜에서 떨어진 자로다.

4 **사** 9:7

그 정사(政事)와 평강의 더함이 무궁하며 또 다윗의 위(位)에 앉아서 그 나라를 굳게 세우고 자금(自今) 이후 영원토록 공평과 정의로 그것을 보존하실 것이라. 만군의 여호와의 열심이 이를 이루리시라.

요 1:16

우리가 다 그의 충만한 데서 받으니 은혜 위에 은혜러라.

골 1:19-20

아버지께서는 모든 충만으로 예수 안에 거하게 하시고 [20]그의 십자가의 피로 화평을 이루사 만물 곧 땅에 있는 것들이나 하늘에 있는 것들을 그로 말미암아 자기와 화목케 되기를 기뻐하심이라.

골 2:10

너희도 그 안에서 충만하여졌으니 그는 모든 정사(政事)와 권세의 머리시라.

히 12:2

믿음의 주요 또 온전케 하시는 이인 예수를 바라보자. 저는 그 앞에 있는 즐거움을 위하여 십자가를 참으사 부끄러움을 개의치 아니하시더니 하나님 보좌 우편에 앉으셨느니라.

요일 1:7

저가 빛 가운데 계신 것같이 우리도 빛 가운데 행하면 우리가 서로 사귐이 있고 그 아들 예수의 피가 우리를 모든 죄에서 깨끗하게 하실 것이요.

제12주일

31문 : 그분을 왜 그리스도,
곧 기름 부음을 받은 자라 부릅니까?

답 : 왜냐하면 그분은
성부 하나님으로부터 임명을 받고
성신으로 기름 부음을 받으셨기 때문입니다.[1]
그분은 우리의 큰 선지자와 선생으로서
우리의 구원을 위한 하나님의 감추인 경영과 뜻을
온전히 계시하시고,[2]
우리의 유일한 대제사장으로서
그의 몸을 단번에 제물로 드려
우리를 구속(救贖)하셨고,[3]
성부 앞에서 우리를 위해 항상 간구하시며,[4]
또한 우리의 영원한 왕으로서
그의 말씀과 성신으로 우리를 다스리시고,
우리를 위해 획득하신 구원을 누리도록
우리를 보호하고 보존하십니다.[5]

32문 : 그런데 당신은 왜
그리스도인이라 불립니까?[6]

답 : 왜냐하면 내가
믿음으로 그리스도의 지체(肢體)가 되어
그의 기름 부음에 참여하기 때문입니다.[7]
나는 선지자로서
그의 이름의 증인이 되며,[8]
제사장으로서

나 자신을 감사의 산 제물로 그에게 드리고,[9]
또한 왕으로서
이 세상에 사는 동안은
자유롭고 선한 양심으로
죄와 마귀에 대항하여 싸우고,[10]
이후로는 영원히
그와 함께 모든 피조물을 다스릴 것입니다.[11]

1 **시 45:7**

왕이 정의를 사랑하고 악을 미워하시니 그러므로 하나님 곧 왕의 하나님이 즐거움의 기름으로 왕에게 부어 왕의 동류보다 승하게 하셨나이다.

사 61:1

주 여호와의 신이 내게 임하셨으니 이는 여호와께서 내게 기름을 부으사 가난한 자에게 아름다운 소식을 전하게 하려 하심이라. 나를 보내사 마음이 상한 자를 고치며 포로 된 자에게 자유를, 갇힌 자에게 놓임을 전파하며.

눅 3:21-22

백성이 다 세례를 받을새 예수도 세례를 받으시고 기도하실 때에 하늘이 열리며 [22]성령이 형체로 비둘기같이 그의 위에 강림하시더니 하늘로서 소리가 나기를 너는 내 사랑하는 아들이라. 내가 너를 기뻐하노라 하시니라.

눅 4:18

주의 성령이 내게 임하셨으니 이는 가난한 자에게 복음을 전하게 하시려고 내게 기름을 부으시고 나를 보내사 포로 된 자에게 자유를, 눈먼 자에게 다시 보게 함을 전파하며 눌린 자를 자유케 하고.

행 10:38

하나님이 나사렛 예수에게 성령과 능력을 기름 붓듯 하셨으매 저가 두루 다니시며 착한 일을 행하시고 마귀에게 눌린 모든 자를 고치셨으니 이는 하나님이 함께하셨음이라.

히 1:9

네가 의를 사랑하고 불법을 미워하였으니 그러므로 하나님 곧 너의 하나님이 즐거움의 기름을 네게 부어 네 동류들보다 승하게 하셨도다 하였고.

2 **신 18:15**

네 하나님 여호와께서 너의 중 네 형제 중에서 나와 같은 선지자 하나를 너를 위하여 일으키시리니 너희는 그를 들을지니라.

사 55:4

내가 그를 만민에게 증거로 세웠고 만민의 인도자와 명령자를 삼았었나니.

마 11:27

내 아버지께서 모든 것을 내게 주셨으니 아버지 외에는 아들을 아는 자가 없고 아들과 또 아들의 소원대로 계시를 받는 자 외에는 아버지를 아는 자가 없느니라.

요 1:18

본래 하나님을 본 사람이 없으되 아버지 품 속에 있는 독생하신 하나님이 나타내셨느니라.

요 15:15

이제부터는 너희를 종이라 하지 아니하리니 종은 주인의 하는 것을 알지 못함이라. 너희를 친구라 하였노니 내가 내 아버지께 들은 것을 다 너희에게 알게 하였음이니라.

행 3:22

모세가 말하되 주 하나님이 너희를 위하여 너희 형제 가운데서 나 같은 선지자 하나를 세울 것이니 너희가 무엇이든지 그 모든 말씀을 들을 것이라.

엡 1:9-10

그 뜻의 비밀을 우리에게 알리셨으니 곧 그 기쁘심을 따라 그리스도 안에서 때가 찬 경륜을 위하여 예정하신 것이니 [10]하늘에 있는 것이나 땅에 있는 것이 다 그리스도 안에서 통일되게 하려 하심이라.

골 1:26-27

이 비밀은 만세와 만대로부터 옴으로 감취었던 것인데 이제는 그의 성도들에게 나타났고 [27]하나님이 그들로 하여금 이 비밀의 영광이 이방인 가운데 어떻게 풍성한 것을 알게 하려 하심이라. 이 비밀은 너희 안에 계신 그리스도시니 곧 영광의 소망이니라.

3 **시** 110:4

여호와는 맹세하고 변치 아니하시리라. 이르시기를 너는 멜기세덱의 반차(班次)를 좇아 영원한 제사장이라 하셨도다.

히 7:21

저희는 맹세 없이 제사장이 되었으되 오직 예수는 자기에게 말씀하신 자로 말미암아 맹세로 되신 것이라. 주께서 맹세하시고 뉘우치지 아니하시리니 네가 영원히 제사장이라 하셨도다.

히 9:12, 14, 28

염소와 송아지의 피로 아니하고 오직 자기 피로 영원한 속죄를 이루사 단번에 성소에 들어가셨느니라. [14]하물며 영원하신 성령으로 말미암아 흠 없는 자기를 하나님께 드린 그리스도의 피가 어찌 너희 양심으로 죽은 행실에서 깨끗하게 하고 살아 계신 하나님을 섬기게 못하겠느뇨? [28]이와 같이 그리스도도 많은 사람의 죄를 담당하시려고 단번에 드리신 바 되셨고 구원에 이르게 하기 위하여 죄와 상관없이 자기를 바라는 자들에게 두 번째 나타나시리라.

히 10:12, 14

오직 그리스도는 죄를 위하여 한 영원한 제사를 드리시고 하나님 우편에 앉으사 [14]저가 한 제물로 거룩하게 된 자들을 영원히 온전케 하셨느니라.

4 **롬** 8:34

누가 정죄하리요? 죽으실 뿐 아니라 다시 살아나신 이는 그리스도 예수시니 그는 하나님 우편에 계신 자요 우리를 위하여 간구하시는 자시니라.

히 7:25

그러므로 자기를 힘입어 하나님께 나아가는 자들을 온전히 구원하실 수 있으니 이는 그가 항상 살아서 저희를 위하여 간구하심이니라.

히 9:24

그리스도께서는 참 것의 그림자인 손으로 만든 성소에 들어가지 아니하시고 오직 참 하늘에 들어가사 이제 우리를 위하여 하나님 앞에 나타나시고.

요일 2:1

나의 자녀들아 내가 이것을 너희에게 씀은 너희로 죄를 범치 않게 하려 함이라. 만일 누가 죄를 범하면 아버지 앞에서 우리에게 대언자(代言者)가 있으니 곧 의로우신 예수 그리스도시라.

5 **시** 2:6

내가 나의 왕을 내 거룩한 산 시온에 세웠다 하시리로다.

슥 9:9

시온의 딸아 크게 기뻐할지어다. 예루살렘의 딸아 즐거이 부를지어다. 보라 네 왕이 네게 임하나니 그는 공의로우며 구원을 베풀며 겸손하여서 나귀를 타나니 나귀의 작은 것 곧 나귀 새끼니라.

마 21:5

시온 딸에게 이르기를 네 왕이 네게 임하나니 그는 겸손하여 나귀 곧 멍에 메는 짐승의 새끼를 탔도다 하라 하였느니라.

마 28:18

예수께서 나아와 일러 가라사대 하늘과 땅의 모든 권세를 내게 주셨으니.

눅 1:33

영원히 야곱의 집에 왕 노릇 하실 것이며 그 나라가 무궁하리라.

요 10:28

내가 저희에게 영생을 주노니 영원히 멸망치 아니할 터이요 또 저희를 내 손에서 빼앗을 자가 없느니라.

계 12:10-11

내가 또 들으니 하늘에 큰 음성이 있어 가로되 이제 우리 하나님의 구원과 능력과 나라와 또 그의 그리스도의 권세가 이루었으니 우리 형제들을 참소하던 자 곧 우리 하나님 앞에서 밤낮 참소하던 자가 쫓겨났고 [11]또 여러 형제가 어린양의 피와 자기의 증거하는 말을 인하여 저를 이기었으니 그들은 죽기까지 자기 생명을 아끼지 아니하였도다.

6 **행** 11:26

만나매 안디옥에 데리고 와서 둘이 교회에 일 년간 모여 있어 큰 무리를 가르쳤고 제자들이 안디옥에서 비로소 그리스도인이라 일컬음을 받게 되었더라.

7 **사** 59:21

여호와께서 또 가라사대 내가 그들과 세운 나의 언약이 이러하니 곧 네 위에 있는 나의 신과 네 입에 둔 나의 말이 이제부터 영영토록 네 입에서와 네 후손의 입에서와 네 후손의 후손의 입에서 떠나지 아니하리라 하시니라. 여호와의 말씀이니라.

욜 2:28

그 후에 내가 내 신을 만민에게 부어 주리니 너희 자녀들이 장래 일을 말할 것이며 너희 늙은이는 꿈을 꾸며 너희 젊은이는 이상(異像)을 볼 것이며.

행 2:17

하나님이 가라사대 말세에 내가 내 영으로 모든 육체에게 부어 주리니 너희의 자녀들은 예언할 것이요 너희의 젊은이들은 환상을 보고 너희의 늙은이들은 꿈을 꾸리라.

고전 6:15

너희 몸이 그리스도의 지체(肢體)인 줄을 알지 못하느냐? 내가 그리스도의 지체를 가지고 창기(娼妓)의 지체를 만들겠느냐? 결코 그럴 수 없느니라.

고전 12:13

우리가 유대인이나 헬라인이나 종이나 자유자나 다 한 성령으로 세례를 받아 한 몸이 되었고 또 다 한 성령을 마시게 하셨느니라.

요일 2:27

너희는 주께 받은 바 기름 부음이 너희 안에 거하나니 아무도 너희를 가르칠 필요가 없고 오직 그의 기름 부음이 모든 것을 너희에게 가르치며 또 참되고 거짓이 없으니 너희를 가르치신 그대로 주 안에 거하라.

8 **마** 10:32-33

누구든지 사람 앞에서 나를 시인하면 나도 하늘에 계신 내 아버지 앞에서 저를 시인할 것이요 [33]누구든지 사람 앞에서 나를 부인하면 나도 하늘에 계신 내 아버지 앞에서 저를 부인하리라.

롬 10:10

사람이 마음으로 믿어 의에 이르고 입으로 시인하여 구원에 이르느니라.

히 13:15

이러므로 우리가 예수로 말미암아 항상 찬미의 제사를 하나님께 드리자. 이는 그 이름을 증거하는 입술의 열매니라.

9 **출** 19:6

너희가 내게 대하여 제사장 나라가 되며 거룩한 백성이 되리라. 너는 이 말을 이스라엘 자손에게 고할지니라.

롬 12:1

그러므로 형제들아 내가 하나님의 모든 자비하심으로 너희를 권하노니 너희 몸을 하나님이 기뻐하시는 거룩한 산제사로 드리라. 이는 너희의 드릴 영적 예배니라.

벧전 2:5

너희도 산 돌같이 신령한 집으로 세워지고 예수 그리스도로 말미암아 하나님이 기쁘게 받으실 신령한 제사를 드릴 거룩한 제사장이 될지니라.

계 1:6

그 아버지 하나님을 위하여 우리를 나라와 제사장으로 삼으신 그에게 영광과 능력이 세세토록 있기를 원하노라. 아멘.

계 5:8, 10

책을 취하시매 네 생물과 이십사 장로들이 어린양 앞에 엎드려 각각 거문고와 향이 가득한 금대접을 가졌으니 이 향은 성도의 기도들이라. [10]저희로 우리 하나님 앞에서 나라와 제사장을 삼으셨으니 저희가 땅에서 왕 노릇 하리로다 하더라.

10 **롬** 6:12-13

그러므로 너희는 죄로 너희 죽을 몸에 왕 노릇 하지 못하게 하여 몸의 사욕을 순종치 말고 [13]또한 너희 지체(肢體)를 불의의 병기로 죄에게 드리지 말고 오직 너희 자신을 죽은 자 가운데서 다시 산 자같이 하나님께 드리며 너희 지체를 의의 병기로 하나님께 드리라.

갈 5:16-17

내가 이르노니 너희는 성령을 좇아 행하라. 그리하면 육체의 욕심을 이루지 아니하리라. [17]육체의 소욕은 성령을 거스리고 성령의 소욕은 육체를 거스리나니 이 둘이 서로 대적함으로 너희의 원하는 것을 하지 못하게 하려 함이니라.

엡 6:11

마귀의 궤계(詭計)를 능히 대적하기 위하여 하나님의 전신 갑주(全身甲胄)를 입으라.

딤전 1:18-19

아들 디모데야 내가 네게 이 경계(警戒)로써 명하노니 전에 너를 지도한 예언을 따라 그것으로 선한 싸움을 싸우며 [19]믿음과 착한 양심을 가지라. 어떤 이들이 이 양심을 버렸고 그 믿음에 관하여는 파선하였느니라.

벧전 2:9, 11

오직 너희는 택하신 족속이요 왕 같은 제사장들이요 거룩한 나라요 그의 소유 된 백성이니 이는 너희를 어두운 데서 불러내어 그의 기이한 빛에 들어가게 하신 자의 아름다운 덕을 선전하게 하려 하심이라. [11]사랑하는 자들아 나그네와 행인 같은 너희를 권하노니 영혼을 거스려 싸우는 육체의 정욕을 제어하라.

11 **딤후** 2:12

참으면 또한 함께 왕 노릇 할 것이요 우리가 주를 부인하면 주도 우리를 부인하실 것이라.

계 22:5

다시 밤이 없겠고 등불과 햇빛이 쓸데없으니 이는 주 하나님이 저희에게 비취심이라. 저희가 세세토록 왕 노릇 하리로다.

제13주일

33문 : 우리 역시 하나님의 자녀인데,
그분을 왜 "하나님의 독생자"라 부릅니까?

답 : 왜냐하면 오직 그리스도만
본질로 하나님의 영원한 아들이시기 때문입니다.[1]
우리는 그리스도로 말미암아
은혜로 입양된 하나님의 자녀입니다.[2]

34문 : 당신은 왜 그분을
"우리 주"라 부릅니까?

답 : 왜냐하면 그분이
금이나 은이 아니라 그의 보혈로써
우리의 몸과 영혼을
우리의 모든 죄로부터 구속(救贖)하셨고,[3]
우리를 마귀의 모든 권세에서 해방하여[4]
주의 것으로 삼으셨기 때문입니다.[5]

1 **요 1:1, 14, 18**

태초에 말씀이 계시니라. 이 말씀이 하나님과 함께 계셨으니 이 말씀은 곧 하나님이시니라. [14]말씀이 육신이 되어 우리 가운데 거하시매 우리가 그 영광을 보니 아버지의 독생자의 영광이요 은혜와 진리가 충만하더라. [18]본래 하나님을 본 사람이 없으되 아버지 품속에 있는 독생하신 하나님이 나타내셨느니라.

요 3:16

하나님이 세상을 이처럼 사랑하사 독생자를 주셨으니 이는 저를 믿는 자마다 멸망치 않고 영생을 얻게 하려 하심이니라.

롬 8:32

자기 아들을 아끼지 아니하시고 우리 모든 사람을 위하여 내어 주신 이가 어찌 그 아들과 함께 모든 것을 우리에게 은사로 주지 아니하시겠느뇨?

히 1:1-2

옛적에 선지자들로 여러 부분과 여러 모양으로 우리 조상들에게 말씀하신 하나님이 [2]이 모든 날 마지막에 아들로 우리에게 말씀하셨으니 이 아들을 만유의 후사(後嗣)로 세우시고 또 저로 말미암아 모든 세계를 지으셨느니라.

요일 4:9

하나님의 사랑이 우리에게 이렇게 나타난 바 되었으니 하나님이 자기의 독생자를 세상에 보내심은 저로 말미암아 우리를 살리려 하심이니라.

2 **요 1:12**

영접하는 자 곧 그 이름을 믿는 자들에게는 하나님의 자녀가 되는 권세를 주셨으니.

요 20:17

예수께서 이르시되 나를 만지지 말라. 내가 아직 아버지께로 올라가지 못하였노라. 너는 내 형제들에게 가서 이르되 내가 내 아버지 곧 너희 아버지, 내 하나님 곧 너희 하나님께로 올라간다 하라 하신대.

롬 8:15-17

너희는 다시 무서워하는 종의 영을 받지 아니하였고 양자(養子)의 영을 받았으므로 아바 아버지라 부르짖느니라. [16]성령이 친히 우리 영으로 더불어 우리가 하나님의 자녀인 것을 증거하시나니 [17]자녀이면 또한 후사(後嗣) 곧 하나님의 후사요 그리스도와 함께한 후사니 우리가 그와 함께 영광을 받기 위하여 고난도 함께 받아야 될 것이니라.

갈 4:6

너희가 아들인 고로 하나님이 그 아들의 영을 우리 마음 가운데 보내사 아바 아버지라 부르게 하셨느니라.

엡 1:5-6

그 기쁘신 뜻대로 우리를 예정하사 예수 그리스도로 말미암아 자기의 아들들이 되게 하셨으니 [6]이는 그의 사랑하시는 자 안에서 우리에게 거저 주시는 바 그의 은혜의 영광을 찬미하게 하려는 것이라.

3 **고전 6:19-20**

너희 몸은 너희가 하나님께로부터 받은 바 너희 가운데 계신 성령의 전(殿)인 줄을 알지 못하느냐? 너희는 너희의 것이 아니라 [20]값으로 산 것이 되었으니 그런즉 너희 몸으로 하나님께 영광을 돌리라.

고전 7:23

너희는 값으로 사신 것이니 사람들의 종이 되지 말라.

엡 1:7

우리가 그리스도 안에서 그의 은혜의 풍성함을 따라 그의 피로 말미암아 구속(救贖) 곧 죄 사함을 받았으니.

딤전 2:6

그가 모든 사람을 위하여 자기를 속전(贖錢)으로 주셨으니 기약이 이르면 증거할 것이라.

벧전 1:18-19

너희가 알거니와 너희 조상의 유전한 망령된 행실에서 구속(救贖)된 것은 은이나 금같이 없어질 것으로 한 것이 아니요 [19]오직 흠 없고 점 없는 어린양 같은 그리스도의 보배로운 피로 한 것이니라.

4 **골 1:13-14**

그가 우리를 흑암의 권세에서 건져 내사 그의 사랑의 아들의 나라로 옮기셨으니 [14]그 아들 안에서 우리가 구속(救贖) 곧 죄 사함을 얻었도다.

히 2:14-15

자녀들은 혈육에 함께 속하였으매 그도 또한 한 모양으로 혈육에 함께 속하심은 사망으로 말미암아 사망의 세력을 잡은 자 곧 마귀를 없이 하시며 [15]또 죽기를 무서워하므로 일생에 매여 종노릇하는 모든 자들을 놓아주려 하심이니.

5 **요 10:28**

내가 저희에게 영생을 주노니 영원히 멸망치 아니할 터이요 또 저희를 내 손에서 빼앗을 자가 없느니라.

벧전 2:9

오직 너희는 택하신 족속이요 왕 같은 제사장들이요 거룩한 나라요 그의 소유 된 백성이니 이는 너희를 어두운 데서 불러내어 그의 기이한 빛에 들어가게 하신 자의 아름다운 덕을 선전하게 하려 하심이라.

제14주일

35문 : "그분은 성신으로 잉태되사,
동정녀 마리아에게서 나셨으며"라는 말로
당신은 무엇을 고백합니까?

답 : 하나님의 영원한 아드님은
참되고 영원한 하나님이시며
여전히 참되고 영원한 하나님으로서,[1]
성신의 사역(使役)으로[2]
동정녀 마리아의 살과 피로부터
참된 인성(人性)을 취하셨습니다.[3]
그리하여 또한 다윗의 참된 자손이 되고[4]
모든 일에서 그의 형제들과 같이 되셨으나
죄는 없으십니다.[5]

36문 : 그리스도의 거룩한 잉태와 탄생은
당신에게 어떤 유익을 줍니까?

답 : 그리스도는 우리의 중보자이시므로[6]
잉태되고 출생할 때부터 가지고 있는 나의 죄를
그의 순결함과 온전한 거룩함으로
하나님 앞에서 가려 줍니다.[7]

1 **마** 1:23
보라 처녀가 잉태하여 아들을 낳을 것이요 그 이름은 임마누엘이라 하리라 하셨으니 이를 번역한즉 하나님이 우리와 함께 계시다 함이라.

마 3:17
하늘로서 소리가 있어 말씀하시되 이는 내 사랑하는 아들이요 내 기뻐하는 자라 하시니라.

마 16:16
시몬 베드로가 대답하여 가로되 주는 그리스도시요 살아 계신 하나님의 아들이시니이다.

마 17:5
말할 때에 홀연히 빛난 구름이 저희를 덮으며

구름 속에서 소리가 나서 가로되 이는 내 사랑하는 아들이요 내 기뻐하는 자니 너희는 저의 말을 들으라 하는지라.

요 1:1

태초에 말씀이 계시니라. 이 말씀이 하나님과 함께 계셨으니 이 말씀은 곧 하나님이시니라.

요 10:30

나와 아버지는 하나이니라 하신대.

요 17:3, 5

영생은 곧 유일하신 참 하나님과 그의 보내신 자 예수 그리스도를 아는 것이니이다. [5]아버지여 창세전(創世前)에 내가 아버지와 함께 가졌던 영화로써 지금도 아버지와 함께 나를 영화롭게 하옵소서.

요 20:28

도마가 대답하여 가로되 나의 주시며 나의 하나님이시니이다.

롬 1:3-4

이 아들로 말하면 육신으로는 다윗의 혈통에서 나셨고 [4]성결의 영으로는 죽은 가운데서 부활하여 능력으로 하나님의 아들로 인정되셨으니 곧 우리 주 예수 그리스도시니라.

롬 9:5

조상들도 저희 것이요 육신으로 하면 그리스도가 저희에게서 나셨으니 저는 만물 위에 계셔 세세에 찬양을 받으실 하나님이시니라. 아멘.

빌 2:6

그는 근본 하나님의 본체시나 하나님과 동등됨을 취할 것으로 여기지 아니하시고,

골 1:15-16

그는 보이지 아니하시는 하나님의 형상이요 모든 창조물보다 먼저 나신 자니 [16]만물이 그에게 창조되되 하늘과 땅에서 보이는 것들과 보이지 않는 것들과 혹은 보좌들이나 주관들이나 정사(政事)들이나 권세들이나 만물이 다 그로 말미암고 그를 위하여 창조되었고,

딛 2:13

복스러운 소망과 우리의 크신 하나님 구주 예수 그리스도의 영광이 나타나심을 기다리게 하셨으니.

히 1:3

이는 하나님의 영광의 광채시요 그 본체의 형상이시라. 그의 능력의 말씀으로 만물을 붙드시며 죄를 정결케 하는 일을 하시고 높은 곳에 계신 위엄의 우편에 앉으셨느니라.

요일 5:20

또 아는 것은 하나님의 아들이 이르러 우리에게 지각을 주사 우리로 참된 자를 알게 하신 것과 또한 우리가 참된 자 곧 그의 아들 예수 그리스도 안에 있는 것이니 그는 참 하나님이시요 영생이시라.

2 **마** 1:18, 20

예수 그리스도의 나심은 이러하니라. 그 모친 마리아가 요셉과 정혼하고 동거하기 전에 성령으로 잉태된 것이 나타났더니 [20]이 일을 생각할 때에 주의 사자가 현몽하여 가로되 다윗의 자손 요셉아 네 아내 마리아 데려오기를 무서워 말라. 저에게 잉태된 자는 성령으로 된 것이라.

눅 1:35

천사가 대답하여 가로되 성령이 네게 임하시고 지극히 높으신 이의 능력이 너를 덮으시리니 이러므로 나실 바 거룩한 자는 하나님의 아들이라 일컬으리라.

3 **눅** 1:31, 42-43

보라 네가 수태하여 아들을 낳으리니 그 이름을 예수라 하라. [42]큰 소리로 불러 가로되 여자 중에 네가 복이 있으며 네 태중의 아이도 복이 있도다. [43]내 주의 모친이 내게 나아오니 이 어찌 된 일인고?

요 1:14

말씀이 육신이 되어 우리 가운데 거하시매 우리가 그 영광을 보니 아버지의 독생자의 영광이요 은혜와 진리가 충만하더라.

갈 4:4

때가 차매 하나님이 그 아들을 보내사 여자에게서 나게 하시고 율법 아래 나게 하신 것은,

4 **삼하** 7:12

네 수한이 차서 네 조상들과 함께 잘 때에 내

가 네 몸에서 날 자식을 네 뒤에 세워 그 나라를 견고케 하리라.

시 132:11

여호와께서 다윗에게 성실히 맹세하셨으니 변치 아니하실지라. 이르시기를 네 몸의 소생을 네 위(位)에 둘지라.

마 1:1

아브라함과 다윗의 자손 예수 그리스도의 세계(世系)라.

눅 1:32

저가 큰 자가 되고 지극히 높으신 이의 아들이라 일컬을 것이요 주 하나님께서 그 조상 다윗의 위(位)를 저에게 주시리니.

행 2:30-31

그는 선지자라. 하나님이 이미 맹세하사 그 자손 중에서 한 사람을 그 위(位)에 앉게 하리라 하심을 알고 [31]미리 보는 고로 그리스도의 부활하심을 말하되 저가 음부(陰府)에 버림이 되지 않고 육신이 썩음을 당하지 아니하시리라 하더니.

롬 1:3

이 아들로 말하면 육신으로는 다윗의 혈통에서 나셨고.

5 **빌** 2:7

오히려 자기를 비어 종의 형체를 가져 사람들과 같이 되었고.

히 2:14, 17

자녀들은 혈육에 함께 속하였으매 그도 또한 한 모양으로 혈육에 함께 속하심은 사망으로 말미암아 사망의 세력을 잡은 자 곧 마귀를 없이 하시며 [17]그러므로 저가 범사에 형제들과 같이 되심이 마땅하도다. 이는 하나님의 일에 자비하고 충성된 대제사장이 되어 백성의 죄를 구속(救贖)하려 하심이라.

히 4:15

우리에게 있는 대제사장은 우리 연약함을 체휼(體恤)하지 아니하는 자가 아니요 모든 일에 우리와 한결같이 시험을 받은 자로되 죄는 없으시니라.

히 7:26-27

이러한 대제사장은 우리에게 합당하니 거룩하고 악이 없고 더러움이 없고 죄인에게서 떠나 계시고 하늘보다 높이 되신 자라. [27]저가 저 대제사장들이 먼저 자기 죄를 위하고 다음에 백성의 죄를 위하여 날마다 제사드리는 것과 같이 할 필요가 없으니 이는 저가 단번에 자기를 드려 이루셨음이니라.

6 **딤전** 2:5-6

하나님은 한 분이시요 또 하나님과 사람 사이에 중보(中保)도 한 분이시니 곧 사람이신 그리스도 예수라. [6]그가 모든 사람을 위하여 자기를 속전(贖錢)으로 주셨으니 기약이 이르면 증거할 것이라.

히 9:13-15

염소와 황소의 피와 및 암송아지의 재로 부정한 자에게 뿌려 그 육체를 정결케 하여 거룩케 하거든 [14]하물며 영원하신 성령으로 말미암아 흠 없는 자기를 하나님께 드린 그리스도의 피가 어찌 너희 양심으로 죽은 행실에서 깨끗하게 하고 살아 계신 하나님을 섬기게 못하겠느뇨? [15]이를 인하여 그는 새 언약의 중보(中保)니 이는 첫 언약 때에 범한 죄를 속하려고 죽으사 부르심을 입은 자로 하여금 영원한 기업의 약속을 얻게 하려 하심이니라.

7 **시** 32:1

허물의 사함을 얻고 그 죄의 가리움을 받은 자는 복이 있도다.

사 53:11

가라사대 그가 자기 영혼의 수고한 것을 보고 만족히 여길 것이라. 나의 의로운 종이 자기 지식으로 많은 사람을 의롭게 하며 또 그들의 죄악을 친히 담당하리라.

롬 8:3-4

율법이 육신으로 말미암아 연약하여 할 수 없는 그것을 하나님은 하시나니 곧 죄를 인하여 자기 아들을 죄 있는 육신의 모양으로 보내어 육신에 죄를 정하사 [4]육신을 좇지 않고 그 영을 좇아 행하는 우리에게 율법의 요구를 이루어지게 하려 하심이니라.

고전 1:30-31

너희는 하나님께로부터 나서 그리스도 예수 안에 있고 예수는 하나님께로서 나와서 우리에게 지혜와 의로움과 거룩함과 구속(救贖)함이 되셨으니 [31]기록된 바 자랑하는 자는 주 안에서 자랑하라 함과 같게 하려 함이니라.

갈 4:4-5

때가 차매 하나님이 그 아들을 보내사 여자에게서 나게 하시고 율법 아래 나게 하신 것은 [5]율법 아래 있는 자들을 속량(贖良)하시고 우리로 아들의 명분을 얻게 하려 하심이라.

벧전 1:18-19

너희가 알거니와 너희 조상의 유전한 망령된 행실에서 구속(救贖)된 것은 은이나 금같이 없어질 것으로 한 것이 아니요 [19]오직 흠 없고 점 없는 어린양 같은 그리스도의 보배로운 피로 한 것이니라.

벧전 3:18

그리스도께서도 한 번 죄를 위하여 죽으사 의인으로서 불의한 자를 대신하셨으니 이는 우리를 하나님 앞으로 인도하려 하심이라. 육체로는 죽임을 당하시고 영으로는 살리심을 받으셨으니.

제15주일

37문 : "고난을 받으사"라는 말로
당신은 무엇을 고백합니까?

답 : 그리스도는 이 세상에 사셨던 모든 기간에,
특히 생의 마지막 시기에
모든 인류의 죄에 대한 하나님의 진노를
자신의 몸과 영혼에 짊어지셨습니다.[1]
그분은 유일한 화목제물로 고난을 당함으로써[2]
우리의 몸과 영혼을
영원한 저주로부터 구원하셨고,[3]
우리를 위해
하나님의 은혜와
의와 영원한 생명을 얻으셨습니다.[4]

38문 : 그분은 왜
재판장 "본디오 빌라도 아래에서"
고난을 받으셨습니까?

답 : 그리스도는 죄가 없지만
세상의 재판장에게 정죄(定罪)를 받으셨으며,[5]
이로써 우리에게 임할 하나님의 준엄한 심판에서
우리를 구원하셨습니다.[6]

39문 : 그리스도께서 "십자가에 못 박히심"은
달리 돌아가신 것보다 특별한 의미가 있습니까?

답 : 그렇습니다.
십자가에 달린 자는

하나님께 저주를 받은 자이므로[7]
그가 십자가에 달리심은
내게 임한 저주를 대신 받은 것이라고
나는 확신하게 됩니다.[8]

1 **사** 53:4, 12

그는 실로 우리의 질고(疾苦)를 지고 우리의 슬픔을 당하였거늘 우리는 생각하기를 그는 징벌을 받아서 하나님에게 맞으며 고난을 당한다 하였노라. [12]이러므로 내가 그로 존귀한 자와 함께 분깃을 얻게 하며 강한 자와 함께 탈취한 것을 나누게 하리니 이는 그가 자기 영혼을 버려 사망에 이르게 하며 범죄자 중 하나로 헤아림을 입었음이라. 그러나 실상은 그가 많은 사람의 죄를 지며 범죄자를 위하여 기도하였느니라 하시니라.

딤전 2:6

그가 모든 사람을 위하여 자기를 속전(贖錢)으로 주셨으니 기약이 이르면 증거할 것이라.

벧전 2:24

친히 나무에 달려 그 몸으로 우리 죄를 담당하셨으니 이는 우리로 죄에 대하여 죽고 의에 대하여 살게 하려 하심이라. 저가 채찍에 맞음으로 너희는 나음을 얻었나니.

벧전 3:18

그리스도께서도 한 번 죄를 위하여 죽으사 의인으로서 불의한 자를 대신하셨으니 이는 우리를 하나님 앞으로 인도하려 하심이라. 육체로는 죽임을 당하시고 영으로는 살리심을 받으셨으니.

2 **사** 53:10

여호와께서 그로 상함을 받게 하시기를 원하사 질고(疾苦)를 당케 하셨은즉 그 영혼을 속건제물로 드리기에 이르면 그가 그 씨를 보게 되며 그날은 길 것이요 또 그의 손으로 여호와의 뜻을 성취하리로다.

롬 3:25

이 예수를 하나님이 그의 피로 인하여 믿음으로 말미암는 화목제물로 세우셨으니 이는 하나님께서 길이 참으시는 중에 전에 지은 죄를 간과하심으로 자기의 의로우심을 나타내려 하심이니.

고전 5:7

너희는 누룩 없는 자인데 새 덩어리가 되기 위하여 묵은 누룩을 내어 버리라. 우리의 유월절 양 곧 그리스도께서 희생이 되셨느니라.

엡 5:2

그리스도께서 너희를 사랑하신 것같이 너희도 사랑 가운데서 행하라. 그는 우리를 위하여 자신을 버리사 향기로운 제물과 생축(牲畜)으로 하나님께 드리셨느니라.

히 9:28

이와 같이 그리스도도 많은 사람의 죄를 담당하시려고 단번에 드리신 바 되셨고 구원에 이르게 하기 위하여 죄와 상관없이 자기를 바라는 자들에게 두 번째 나타나시리라.

히 10:14

저가 한 제물로 거룩하게 된 자들을 영원히 온전케 하셨느니라.

요일 2:2

저는 우리 죄를 위한 화목제물이니 우리만 위할 뿐 아니요 온 세상의 죄를 위하심이라.

요일 4:10

사랑은 여기 있으니 우리가 하나님을 사랑한 것이 아니요 오직 하나님이 우리를 사랑하사 우리 죄를 위하여 화목제로 그 아들을 보내셨음이니라.

3 **롬** 8:1-4

그러므로 이제 그리스도 예수 안에 있는 자에게는 결코 정죄함이 없나니 [2]이는 그리스도 예수 안에 있는 생명의 성령의 법이 죄와 사망의 법에서 너를 해방하였음이라. [3]율법이 육신으로 말미암아 연약하여 할 수 없는 그것을 하나님은 하시나니 곧 죄를 인하여 자기 아들을 죄 있는 육신의 모양으로 보내어 육신에 죄를 정하사 [4]육신을 좇지 않고 그 영을 좇아 행하는 우리에게 율법의 요구를 이루어지게 하려 하심이니라.

갈 3:13

그리스도께서 우리를 위하여 저주를 받은 바 되사 율법의 저주에서 우리를 속량(贖良)하셨으니 기록된 바 나무에 달린 자마다 저주 아래 있는 자라 하였음이라.

골 1:13

그가 우리를 흑암의 권세에서 건져 내사 그의 사랑의 아들의 나라로 옮기셨으니.

히 9:12

염소와 송아지의 피로 아니하고 오직 자기 피로 영원한 속죄를 이루사 단번에 성소에 들어가셨느니라.

벧전 1:18-19

너희가 알거니와 너희 조상의 유전한 망령된 행실에서 구속(救贖)된 것은 은이나 금같이 없어질 것으로 한 것이 아니요 [19]오직 흠 없고 점 없는 어린양 같은 그리스도의 보배로운 피로 한 것이니라.

4 **요** 3:16

하나님이 세상을 이처럼 사랑하사 독생자를 주셨으니 이는 저를 믿는 자마다 멸망치 않고 영생을 얻게 하려 하심이니라.

요 6:51

나는 하늘로서 내려온 산 떡이니 사람이 이 떡을 먹으면 영생하리라. 나의 줄 떡은 곧 세상의 생명을 위한 내 살이로라 하시니라.

롬 3:24-26

그리스도 예수 안에 있는 구속(救贖)으로 말미암아 하나님의 은혜로 값없이 의롭다 하심을 얻은 자 되었느니라. [25]이 예수를 하나님이 그의 피로 인하여 믿음으로 말미암는 화목제물로 세우셨으니 이는 하나님께서 길이 참으시는 중에 전에 지은 죄를 간과하심으로 자기의 의로우심을 나타내려 하심이니 [26]곧 이때에 자기의 의로우심을 나타내사 자기도 의로우시며 또한 예수 믿는 자를 의롭다 하려 하심이니라.

고후 5:21

하나님이 죄를 알지도 못하신 자로 우리를 대신하여 죄를 삼으신 것은 우리로 하여금 저의 안에서 하나님의 의가 되게 하려 하심이니라.

히 9:15

이를 인하여 그는 새 언약의 중보(中保)니 이는 첫 언약 때에 범한 죄를 속하려고 죽으사 부르심을 입은 자로 하여금 영원한 기업의 약속을 얻게 하려 하심이니라.

히 10:19

그러므로 형제들아 우리가 예수의 피를 힘입어 성소에 들어갈 담력을 얻었나니.

5 **마** 27:24

빌라도가 아무 효험도 없이 도리어 민란이 나려는 것을 보고 물을 가져다가 무리 앞에서 손을 씻으며 가로되 이 사람의 피에 대하여 나는 무죄하니 너희가 당하라.

눅 23:13-15

빌라도가 대제사장들과 관원들과 백성을 불러 모으고 [14]이르되 너희가 이 사람을 백성을 미혹하는 자라 하여 내게 끌어 왔도다. 보라 내가 너희 앞에서 사실(査實)하였으되 너희의 고소하는 일에 대하여 이 사람에게서 죄를 찾지 못하였고 [15]헤롯이 또한 그렇게 하여 저를 우리에게 도로 보내었도다. 보라 저의 행한 것은 죽일 일이 없느니라.

요 18:38

빌라도가 가로되 진리가 무엇이냐 하더라. 이 말을 하고 다시 유대인들에게 나가서 이르되 나는 그에게서 아무 죄도 찾지 못하노라.

요 19:4, 11

빌라도가 다시 밖에 나가 말하되 보라 이 사

람을 데리고 너희에게 나오나니 이는 내가 그에게서 아무 죄도 찾지 못한 것을 너희로 알게 하려 함이로라 하더라. [11]예수께서 대답하시되 위에서 주지 아니하셨더면 나를 해할 권세가 없었으리니 그러므로 나를 네게 넘겨준 자의 죄는 더 크니라 하시니.

6 **사** 53:4-5

그는 실로 우리의 질고(疾苦)를 지고 우리의 슬픔을 당하였거늘 우리는 생각하기를 그는 징벌을 받아서 하나님에게 맞으며 고난을 당한다 하였노라. [5]그가 찔림은 우리의 허물을 인함이요 그가 상함은 우리의 죄악을 인함이라. 그가 징계를 받음으로 우리가 평화를 누리고 그가 채찍에 맞음으로 우리가 나음을 입었도다.

고후 5:21

하나님이 죄를 알지도 못하신 자로 우리를 대신하여 죄를 삼으신 것은 우리로 하여금 저의 안에서 하나님의 의가 되게 하려 하심이니라.

갈 3:13

그리스도께서 우리를 위하여 저주를 받은 바 되사 율법의 저주에서 우리를 속량(贖良)하셨으니 기록된 바 나무에 달린 자마다 저주 아래 있는 자라 하였음이라.

7 **신** 21:23

그 시체를 나무 위에 밤새도록 두지 말고 당일에 장사하여 네 하나님 여호와께서 네게 기업으로 주시는 땅을 더럽히지 말라. 나무에 달린 자는 하나님께 저주를 받았음이니라.

8 **갈** 3:13

그리스도께서 우리를 위하여 저주를 받은 바 되사 율법의 저주에서 우리를 속량(贖良)하셨으니 기록된 바 나무에 달린 자마다 저주 아래 있는 자라 하였음이라.

제16주일

40문 : 그리스도는 왜
"죽으시기"까지 낮아져야 했습니까?

답 : 하나님의 공의와 진리 때문에[1]
우리의 죗값은
하나님의 아들의 죽음 이외에는
달리 치를 길이 없습니다.[2]

41문 : 그리스도는 왜 "장사"되셨습니까?

답 : 그리스도의 장사되심은
그가 진정으로 죽으셨음을 확증합니다.[3]

42문 : 그리스도께서 우리를 위해서 죽으셨는데
우리도 왜 여전히 죽어야 합니까?

답 : 우리의 죽음은
자기 죗값을 치르는 것이 아니며,[4]
단지 죄짓는 것을 그치고,
영생에 들어가는 것입니다.[5]

43문 : 그리스도의 십자가의 제사와 죽으심에서
우리가 받는 또 다른 유익은 무엇입니까?

답 : 그리스도의 죽으심의 공효(功效)로
우리의 옛사람이
그와 함께 십자가에 달리고 죽고 장사되며,[6]
그럼으로써 육신의 악한 소욕(所欲)이
더 이상 우리를 지배하지 못하게 되고,[7]

오히려 우리 자신을
그분께 감사의 제물로 드리게 됩니다.[8]

44문 : "음부에 내려가셨으며"라는 말이 왜 덧붙여져 있습니까?

답 : 내가 큰 고통과 중대한 시험을 당할 때에도
나의 주 예수 그리스도께서
나를 지옥의 두려움과 고통으로부터
구원하셨음을 확신하고
거기에서 풍성한 위로를 얻도록 하기 위함입니다.[9]
그분은 그의 모든 고난을 통하여
특히 십자가에서
말할 수 없는 두려움과 아픔과 공포와
지옥의 고통을 친히 당하심으로써
나의 구원을 이루셨습니다.[10]

1 **창 2:17**

선악을 알게 하는 나무의 실과는 먹지 말라. 네가 먹는 날에는 정녕 죽으리라 하시니라.

2 **롬 8:3-4**

율법이 육신으로 말미암아 연약하여 할 수 없는 그것을 하나님은 하시나니 곧 죄를 인하여 자기 아들을 죄 있는 육신의 모양으로 보내어 육신에 죄를 정하사 [4]육신을 좇지 않고 그 영을 좇아 행하는 우리에게 율법의 요구를 이루어지게 하려 하심이니라.

빌 2:8

사람의 모양으로 나타나셨으매 자기를 낮추시고 죽기까지 복종하셨으니 곧 십자가에 죽으심이라.

히 2:9, 14-15

오직 우리가 천사들보다 잠간 동안 못하게 하심을 입은 자 곧 죽음의 고난 받으심을 인하여 영광과 존귀로 관 쓰신 예수를 보니 이를 행하심은 하나님의 은혜로 말미암아 모든 사람을 위하여 죽음을 맛보려 하심이라. [14]자녀들은 혈육에 함께 속하였으매 그도 또한 한 모양으로 혈육에 함께 속하심은 사망으로 말미암아 사망의 세력을 잡은 자 곧 마귀를 없이하시며 [15]또 죽기를 무서워하므로 일생에 매여 종노릇하는 모든 자들을 놓아주려 하심이니.

3 **사 53:9**

그는 강포를 행치 아니하였고 그 입에 궤사(詭詐)가 없었으나 그 무덤이 악인과 함께 되었으며 그 묘실이 부자와 함께 되었도다.

마 27:59-60

요셉이 시체를 가져다가 정(精)한 세마포(細麻布)로 싸서 [60]바위 속에 판 자기 새 무덤에 넣어 두고 큰 돌을 굴려 무덤 문에 놓고 가니.

눅 23:53

이를 내려 세마포로 싸고 아직 사람을 장사한 일이 없는 바위에 판 무덤에 넣어 두니.

요 19:40-42

이에 예수의 시체를 가져다가 유대인의 장례 법대로 그 향품과 함께 세마포로 쌌더라. [41]예수의 십자가에 못 박히신 곳에 동산이 있고 동산 안에 아직 사람을 장사한 일이 없는 새 무덤이 있는지라. [42]이날은 유대인의 예비일이요 또 무덤이 가까운 고로 예수를 거기 두니라.

행 13:29

성경에 저를 가리켜 기록한 말씀을 다 응하게 한 것이라. 후에 나무에서 내려다가 무덤에 두었으나.

고전 15:3-4

내가 받은 것을 먼저 너희에게 전하였노니 이는 성경대로 그리스도께서 우리 죄를 위하여 죽으시고 [4]장사 지낸 바 되었다가 성경대로 사흘 만에 다시 살아나사.

4 **시** 49:7-8

아무도 결코 그 형제를 구속(救贖)하지 못하며 저를 위하여 하나님께 속전(贖錢)을 바치지도 못할 것은 [8]저희 생명의 구속(救贖)이 너무 귀하며 영영히 못할 것임이라.

5 **요** 5:24

내가 진실로 진실로 너희에게 이르노니 내 말을 듣고 또 나 보내신 이를 믿는 자는 영생을 얻었고 심판에 이르지 아니하나니 사망에서 생명으로 옮겼느니라.

롬 7:24-25

오호라 나는 곤고한 사람이로다! 이 사망의 몸에서 누가 나를 건져 내랴? [25]우리 주 예수 그리스도로 말미암아 하나님께 감사하리로다. 그런즉 내 자신이 마음으로는 하나님의 법을, 육신으로는 죄의 법을 섬기노라.

빌 1:23

내가 그 두 사이에 끼였으니 떠나서 그리스도와 함께 있을 욕망을 가진 이것이 더욱 좋으나.

살전 5:10

예수께서 우리를 위하여 죽으사 우리로 하여금 깨든지 자든지 자기와 함께 살게 하려 하셨느니라.

6 **롬** 6:6

우리가 알거니와 우리 옛사람이 예수와 함께 십자가에 못 박힌 것은 죄의 몸이 멸하여 다시는 우리가 죄에게 종노릇하지 아니하려 함이니.

갈 2:20

내가 그리스도와 함께 십자가에 못 박혔나니 그런즉 이제는 내가 산 것이 아니요 오직 내 안에 그리스도께서 사신 것이라. 이제 내가 육체 가운데 사는 것은 나를 사랑하사 나를 위하여 자기 몸을 버리신 하나님의 아들을 믿는 믿음 안에서 사는 것이라.

골 2:11-12

또 그 안에서 너희가 손으로 하지 아니한 할례를 받았으니 곧 육적 몸을 벗는 것이요 그리스도의 할례니라. [12]너희가 세례로 그리스도와 함께 장사한 바 되고 또 죽은 자들 가운데서 그를 일으키신 하나님의 역사(役事)를 믿음으로 말미암아 그 안에서 함께 일으키심을 받았느니라.

7 **롬** 6:8, 11-12

만일 우리가 그리스도와 함께 죽었으면 또한 그와 함께 살 줄을 믿노니 [11]이와 같이 너희도 너희 자신을 죄에 대하여는 죽은 자요 그리스도 예수 안에서 하나님을 대하여는 산 자로 여길지어다. [12]그러므로 너희는 죄로 너희 죽을 몸에 왕 노릇 하지 못하게 하여 몸의 사욕을 순종치 말고.

8 **롬** 12:1

그러므로 형제들아 내가 하나님의 모든 자비하심으로 너희를 권하노니 너희 몸을 하나님이 기뻐하시는 거룩한 산제사로 드리라. 이는 너희의 드릴 영적 예배니라.

9 **사** 53:5

그가 찔림은 우리의 허물을 인함이요 그가 상함은 우리의 죄악을 인함이라. 그가 징계를 받음으로 우리가 평화를 누리고 그가 채찍에 맞음으로 우리가 나음을 입었도다.

10 **시** 18:5-6

음부(陰府)의 줄이 나를 두르고 사망의 올무가 내게 이르렀도다. [6]내가 환난에서 여호와께 아뢰며 나의 하나님께 부르짖었더니 저가 그 전(殿)에서 내 소리를 들으심이여 그 앞에서 나의 부르짖음이 그 귀에 들렸도다.

시 116:3

사망의 줄이 나를 두르고 음부(陰府)의 고통이 내게 미치므로 내가 환난과 슬픔을 만났을 때에.

마 26:38

이에 말씀하시되 내 마음이 심히 고민하여 죽게 되었으니 너희는 여기 머물러 나와 함께 깨어 있으라 하시고.

마 27:46

제구 시 즈음에 예수께서 크게 소리 질러 가라사대 엘리 엘리 라마 사박다니 하시니 이는 곧 나의 하나님, 나의 하나님, 어찌하여 나를 버리셨나이까 하는 뜻이라.

히 5:7

그는 육체에 계실 때에 자기를 죽음에서 능히 구원하실 이에게 심한 통곡과 눈물로 간구와 소원을 올렸고 그의 경외하심을 인하여 들으심을 얻었느니라.

제17주일

45문 : 그리스도의 "부활"은 우리에게 어떤 유익을 줍니까?

답 : 첫째, 그리스도는
부활로써 죽음을 이기셨으며,
죽으심으로써 얻으신 의에
우리로 참여하게 하십니다.[1]
둘째, 그의 능력으로 말미암아
우리도 이제 새로운 생명으로
다시 살아났습니다.[2]
셋째, 그리스도의 부활은
우리의 영광스런 부활에 대한
확실한 보증입니다.[3]

1 **롬 4:25**

예수는 우리 범죄함을 위하여 내어 줌이 되고 또한 우리를 의롭다 하심을 위하여 살아나셨느니라.

고전 15:16-18

만일 죽은 자가 다시 사는 것이 없으면 그리스도도 다시 사신 것이 없었을 터이요 [17]그리스도께서 다시 사신 것이 없으면 너희의 믿음도 헛되고 너희가 여전히 죄 가운데 있을 것이요 [18]또한 그리스도 안에서 잠자는 자도 망하였으리니.

2 **롬 6:4**

그러므로 우리가 그의 죽으심과 합하여 세례를 받음으로 그와 함께 장사되었나니 이는 아버지의 영광으로 말미암아 그리스도를 죽은 자 가운데서 살리심과 같이 우리로 또한 새 생명 가운데서 행하게 하려 함이니라.

엡 2:4-6

긍휼에 풍성하신 하나님이 우리를 사랑하신 그 큰 사랑을 인하여 [5]허물로 죽은 우리를 그리스도와 함께 살리셨고 (너희가 은혜로 구원을 얻은 것이라) [6]또 함께 일으키사 그리스도 예수 안에서 함께 하늘에 앉히시니.

골 3:1-3

그러므로 너희가 그리스도와 함께 다시 살리심을 받았으면 위엣 것을 찾으라. 거기는 그리스도께서 하나님 우편에 앉아 계시느니라. [2]위엣 것을 생각하고 땅엣 것을 생각지 말라. [3]이는 너희가 죽었고 너희 생명이 그리스도와 함께 하나님 안에 감취었음이니라.

벧전 1:3

찬송하리로다. 우리 주 예수 그리스도의 아버지 하나님이 그 많으신 긍휼대로 예수 그리스도의 죽은 자 가운데서 부활하심으로 말미암아 우리를 거듭나게 하사 산 소망이 있게 하시며.

3 **롬** 8:11

예수를 죽은 자 가운데서 살리신 이의 영이 너희 안에 거하시면 그리스도 예수를 죽은 자 가운데서 살리신 이가 너희 안에 거하시는 그의 영으로 말미암아 너희 죽을 몸도 살리시리라.

고전 15:20-22

그러나 이제 그리스도께서 죽은 자 가운데서 다시 살아 잠자는 자들의 첫 열매가 되셨도다. [21]사망이 사람으로 말미암았으니 죽은 자의 부활도 사람으로 말미암는도다. [22]아담 안에서 모든 사람이 죽은 것같이 그리스도 안에서 모든 사람이 삶을 얻으리라.

빌 3:20-21

오직 우리의 시민권은 하늘에 있는지라 거기로서 구원하는 자 곧 주 예수 그리스도를 기다리노니 [21]그가 만물을 자기에게 복종케 하실 수 있는 자의 역사(役事)로 우리의 낮은 몸을 자기 영광의 몸의 형체와 같이 변케 하시리라.

제18주일

46문 : "하늘에 오르셨고"라는 말로
당신은 무엇을 고백합니까?

답 : 그리스도는 제자들이 보는 가운데
땅에서 하늘로 오르셨고,[1]
우리의 유익을 위하여
거기에 계시며,[2]
장차 살아 있는 자들과 죽은 자들을 심판하러
다시 오실 것입니다.[3]

47문 : 그렇다면 세상 끝 날까지 우리와 함께 있으리라는
그리스도의 약속은 어떻게 됩니까?[4]

답 : 그리스도는 참인간이고
참하나님이십니다.
그의 인성(人性)으로는
더 이상 세상에 계시지 않으나,[5]
그의 신성(神性)과 위엄과 은혜와 성신으로는
잠시도 우리를 떠나지 않습니다.[6]

48문 : 그런데 그리스도의 신성이 있는 곳마다
인성이 있는 것이 아니라면,
그리스도의 두 본성이 서로 나뉜다는 것입니까?

답 : 결코 그렇지 않습니다.
신성은 아무 곳에도 갇히지 않고
어디나 계십니다.[7]
그러므로 신성은

그가 취하신 인성을 초월함이 분명하며,
그러나 동시에 인성 안에 거하고
인격적으로 결합되어 있습니다.[8]

49문 : 그리스도께서 하늘에 오르심은
우리에게 어떤 유익을 줍니까?

답 : 첫째, 그리스도는 우리의 대언자(代言者)로서
하늘에서 우리를 위해
그의 아버지 앞에서 간구하십니다.[9]
둘째, 우리의 몸이
그리스도 안에서 하늘에 있으며,[10]
이것은 머리 되신 그리스도께서
그의 지체(肢體)인 우리를
그에게로 이끌어 올리실 것에 대한
확실한 보증입니다.[11]
셋째, 그리스도는 그 보증으로
그의 성신을 우리에게 보내시며,[12]
우리는 성신의 능력으로 말미암아
그리스도께서 하나님 우편에 앉아 계신
위의 것을 구하고
땅의 것을 구하지 않습니다.[13]

1 **막 16:19**
주 예수께서 말씀을 마치신 후에 하늘로 올리우사 하나님 우편에 앉으시니라.
눅 24:51
축복하실 때에 저희를 떠나 하늘로 올리우시니.
행 1:9
이 말씀을 마치시고 저희 보는 데서 올리워 가시니 구름이 저를 가리워 보이지 않게 하더라.

2 **롬 8:34**
누가 정죄하리요? 죽으실 뿐 아니라 다시 살아나신 이는 그리스도 예수시니 그는 하나님 우편에 계신 자요 우리를 위하여 간구하시는 자시니라.

엡 4:10

내리셨던 그가 곧 모든 하늘 위에 오르신 자니 이는 만물을 충만케 하려 하심이니라.

골 3:1

그러므로 너희가 그리스도와 함께 다시 살리심을 받았으면 위엣 것을 찾으라. 거기는 그리스도께서 하나님 우편에 앉아 계시느니라.

히 4:14

그러므로 우리에게 큰 대제사장이 있으니 승천하신 자 곧 하나님 아들 예수시라. 우리가 믿는 도리를 굳게 잡을지어다.

히 7:24-25

예수는 영원히 계시므로 그 제사 직분도 갈리지 아니하나니 [25]그러므로 자기를 힘입어 하나님께 나아가는 자들을 온전히 구원하실 수 있으니 이는 그가 항상 살아서 저희를 위하여 간구하심이니라.

히 9:24

그리스도께서는 참 것의 그림자인 손으로 만든 성소에 들어가지 아니하시고 오직 참 하늘에 들어가사 이제 우리를 위하여 하나님 앞에 나타나시고.

3 **마** 24:30

그때에 인자의 징조가 하늘에서 보이겠고 그때에 땅의 모든 족속들이 통곡하며 그들이 인자가 구름을 타고 능력과 큰 영광으로 오는 것을 보리라.

행 1:11

가로되 갈릴리 사람들아 어찌하여 서서 하늘을 쳐다보느냐? 너희 가운데서 하늘로 올리우신 이 예수는 하늘로 가심을 본 그대로 오시리라 하였느니라.

4 **마** 28:20

내가 너희에게 분부한 모든 것을 가르쳐 지키게 하라. 볼지어다 내가 세상 끝 날까지 너희와 항상 함께 있으리라 하시니라.

5 **마** 26:11

가난한 자들은 항상 너희와 함께 있거니와 나는 항상 함께 있지 아니하리라.

요 16:28

내가 아버지께로 나와서 세상에 왔고 다시 세상을 떠나 아버지께로 가노라 하시니.

요 17:11

나는 세상에 더 있지 아니하오나 저희는 세상에 있사옵고 나는 아버지께로 가옵나니 거룩하신 아버지여 내게 주신 아버지의 이름으로 저희를 보전하사 우리와 같이 저희도 하나가 되게 하옵소서.

행 3:21

하나님이 영원 전부터 거룩한 선지자의 입을 의탁하여 말씀하신 바 만유를 회복하실 때까지는 하늘이 마땅히 그를 받아 두리라.

히 8:4

예수께서 만일 땅에 계셨더면 제사장이 되지 아니하셨을 것이니 이는 율법을 좇아 예물을 드리는 제사장이 있음이라.

6 **마** 28:20

내가 너희에게 분부한 모든 것을 가르쳐 지키게 하라. 볼지어다 내가 세상 끝 날까지 너희와 항상 함께 있으리라 하시니라.

요 14:16-18

내가 아버지께 구하겠으니 그가 또 다른 보혜사(保惠師)를 너희에게 주사 영원토록 너희와 함께 있게 하시리니 [17]저는 진리의 영이라. 세상은 능히 저를 받지 못하나니 이는 저를 보지도 못하고 알지도 못함이라. 그러나 너희는 저를 아나니 저는 너희와 함께 거하심이요 또 너희 속에 계시겠음이라. [18]내가 너희를 고아와 같이 버려두지 아니하고 너희에게로 오리라.

요 16:13

그러하나 진리의 성령이 오시면 그가 너희를 모든 진리 가운데로 인도하시리니 그가 자의(自意)로 말하지 않고 오직 듣는 것을 말하시며 장래 일을 너희에게 알리시리라.

엡 4:8, 11

그러므로 이르기를 그가 위로 올라가실 때에 사로잡힌 자를 사로잡고 사람들에게 선물을 주셨다 하였도다. [11]그가 혹은 사도로, 혹은 선지자로, 혹은 복음 전하는 자로, 혹은 목사와 교사로 주셨으니.

7 **사** 66:1

여호와께서 이같이 말씀하시되 하늘은 나의 보좌요 땅은 나의 발등상이니 너희가 나를 위하여 무슨 집을 지을꼬. 나의 안식할 처소가 어디랴.

렘 23:23-24

나 여호와가 말하노라. 나는 가까운 데 하나님이요 먼 데 하나님은 아니냐? [24]나 여호와가 말하노라. 사람이 내게 보이지 아니하려고 누가 자기를 은밀한 곳에 숨길 수 있겠느냐? 나 여호와가 말하노라. 나는 천지에 충만하지 아니하냐?

행 7:49

주께서 가라사대 하늘은 나의 보좌요 땅은 나의 발등상이니 너희가 나를 위하여 무슨 집을 짓겠으며 나의 안식할 처소가 어디뇨?

행 17:27-28

이는 사람으로 하나님을 혹 더듬어 찾아 발견케 하려 하심이로되 그는 우리 각 사람에게서 멀리 떠나 계시지 아니하도다. [28]우리가 그를 힘입어 살며 기동(起動)하며 있느니라.

8 **마** 28:6

그가 여기 계시지 않고 그의 말씀하시던 대로 살아나셨느니라. 와서 그의 누우셨던 곳을 보라.

요 3:13

하늘에서 내려온 자 곧 인자 외에는 하늘에 올라간 자가 없느니라.

요 11:15

내가 거기 있지 아니한 것을 너희를 위하여 기뻐하노니 이는 너희로 믿게 하려 함이라. 그러나 그에게로 가자 하신대.

골 2:9

그 안에는 신성의 모든 충만이 육체로 거하시고.

9 **롬** 8:34

누가 정죄하리요? 죽으실 뿐 아니라 다시 살아나신 이는 그리스도 예수시니 그는 하나님 우편에 계신 자요 우리를 위하여 간구하시는 자시니라.

요일 2:1

나의 자녀들아 내가 이것을 너희에게 씀은 너희로 죄를 범치 않게 하려 함이라. 만일 누가 죄를 범하면 아버지 앞에서 우리에게 대언자(代言者)가 있으니 곧 의로우신 예수 그리스도시라.

10 **엡** 2:6

또 함께 일으키사 그리스도 예수 안에서 함께 하늘에 앉히시니.

11 **요** 14:2-3

내 아버지 집에 거할 곳이 많도다. 그렇지 않으면 너희에게 일렀으리라. 내가 너희를 위하여 처소를 예비하러 가노니 [3]가서 너희를 위하여 처소를 예비하면 내가 다시 와서 너희를 내게로 영접하여 나 있는 곳에 너희도 있게 하리라.

요 17:24

아버지여 내게 주신 자도 나 있는 곳에 나와 함께 있어 아버지께서 창세전(創世前)부터 나를 사랑하시므로 내게 주신 나의 영광을 저희로 보게 하시기를 원하옵나이다.

12 **요** 14:16

내가 아버지께 구하겠으니 그가 또 다른 보혜사(保惠師)를 너희에게 주사 영원토록 너희와 함께 있게 하시리니.

요 16:7

그러하나 내가 너희에게 실상을 말하노니 내가 떠나가는 것이 너희에게 유익이라. 내가 떠나가지 아니하면 보혜사가 너희에게로 오시지 아니할 것이요 가면 내가 그를 너희에게로 보내리니.

행 2:33

하나님이 오른손으로 예수를 높이시매 그가 약속하신 성령을 아버지께 받아서 너희 보고 듣는 이것을 부어 주셨느니라.

고후 1:22

저가 또한 우리에게 인 치시고 보증으로 성령을 우리 마음에 주셨느니라.

고후 5:5

곧 이것을 우리에게 이루게 하시고 보증으로 성령을 우리에게 주신 이는 하나님이시니라.

13 **빌** 3:20

오직 우리의 시민권은 하늘에 있는지라. 거기로서 구원하는 자 곧 주 예수 그리스도를 기다리노니.

골 3:1

그러므로 너희가 그리스도와 함께 다시 살리심을 받았으면 위엣 것을 찾으라. 거기는 그리스도께서 하나님 우편에 앉아 계시느니라.

제19주일

50문 : "하나님 우편에 앉아 계시며"라는 말이
왜 덧붙여졌습니까?

답 : 그리스도는
거기에서 자신을
그의 교회의 머리로 나타내기 위해서
하늘에 오르셨으며,[1]
성부께서는
그를 통하여 만물을 다스리십니다.[2]

51문 : 우리의 머리 되신 그리스도의 이 영광은
우리에게 어떤 유익을 줍니까?

답 : 첫째, 그리스도는 성신으로
그의 지체(肢體)인 우리에게
하늘의 은사들을 부어 주십니다.[3]
둘째, 그는 그의 권능으로
우리를 모든 원수들로부터
보호하고 보존하십니다.[4]

52문 : 그리스도께서
"살아 있는 자들과 죽은 자들을 심판하러 오실 것"은
당신에게 어떠한 위로를 줍니까?

답 : 내가 어떠한 슬픔과 핍박을 당하더라도,
전에 나를 대신하여
하나님의 심판대 앞에 서시사
내게 임한 모든 저주를 제거하신 바로 그분이

심판자로서 하늘로부터 오시기를
머리 들어 기다립니다.[5]
그가 그의 모든 원수들 곧 나의 원수들은
영원한 멸망으로 형벌하실 것이며,[6]
나는 그의 택함을 받은 모든 사람들과 함께
하늘의 기쁨과 영광 가운데
그에게로 이끌어 들이실 것입니다.[7]

1 **엡 1:20-23**

그 능력이 그리스도 안에서 역사(役事)하사 죽은 자들 가운데서 다시 살리시고 하늘에서 자기의 오른편에 앉히사 [21]모든 정사(政事)와 권세와 능력과 주관하는 자와 이 세상뿐 아니라 오는 세상에 일컫는 모든 이름 위에 뛰어나게 하시고 [22]또 만물을 그 발아래 복종하게 하시고 그를 만물 위에 교회의 머리로 주셨느니라. [23]교회는 그의 몸이니 만물 안에서 만물을 충만케 하시는 자의 충만이니라.

골 1:18

그는 몸인 교회의 머리라. 그가 근본이요 죽은 자들 가운데서 먼저 나신 자니 이는 친히 만물의 으뜸이 되려 하심이요.

2 **마 28:18**

예수께서 나아와 일러 가라사대 하늘과 땅의 모든 권세를 내게 주셨으니.

요 5:22

아버지께서 아무도 심판하지 아니하시고 심판을 다 아들에게 맡기셨으니.

3 **행 2:33**

하나님이 오른손으로 예수를 높이시매 그가 약속하신 성령을 아버지께 받아서 너희 보고 듣는 이것을 부어 주셨느니라.

엡 4:8, 10-12

그러므로 이르기를 그가 위로 올라가실 때에 사로잡힌 자를 사로잡고 사람들에게 선물을 주셨다 하였도다. [10]내리셨던 그가 곧 모든 하늘 위에 오르신 자니 이는 만물을 충만케 하려 하심이니라. [11]그가 혹은 사도로, 혹은 선지자로, 혹은 복음 전하는 자로, 혹은 목사와 교사로 주셨으니 [12]이는 성도를 온전케 하며 봉사의 일을 하게 하며 그리스도의 몸을 세우려 하심이라.

4 **시 2:9**

네가 철장(鐵杖)으로 저희를 깨뜨림이여 질그릇같이 부수리라 하시도다.

시 110:1-2

여호와께서 내 주에게 말씀하시기를 내가 네 원수로 네 발등상 되게 하기까지 너는 내 우편에 앉으라 하셨도다. [2]여호와께서 시온에서부터 주의 권능의 홀(笏)을 내어 보내시리니 주는 원수 중에서 다스리소서.

요 10:28

내가 저희에게 영생을 주노니 영원히 멸망치 아니할 터이요 또 저희를 내 손에서 빼앗을 자가 없느니라.

계 12:5

여자가 아들을 낳으니 이는 장차 철장(鐵杖)으로 만국을 다스릴 남자라. 그 아이를 하나님 앞과 그 보좌 앞으로 올려가더라.

5 **눅 21:28**

이런 일이 되기를 시작하거든 일어나 머리를 들라. 너희 구속(救贖)이 가까왔느니라 하시더라.

롬 8:23-24

이뿐 아니라 또한 우리 곧 성령의 처음 익은 열매를 받은 우리까지도 속으로 탄식하여 양자(養子) 될 것 곧 우리 몸의 구속(救贖)을 기다리느니라. [24]우리가 소망으로 구원을 얻었으매 보이는 소망이 소망이 아니니 보는 것을 누가 바라리요.

빌 3:20

오직 우리의 시민권은 하늘에 있는지라. 거기로서 구원하는 자 곧 주 예수 그리스도를 기다리노니.

딛 2:13

복스러운 소망과 우리의 크신 하나님 구주 예수 그리스도의 영광이 나타나심을 기다리게 하셨으니.

6 **마** 25:41-43

또 왼편에 있는 자들에게 이르시되 저주를 받은 자들아 나를 떠나 마귀와 그 사자들을 위하여 예비된 영영한 불에 들어가라. [42]내가 주릴 때에 너희가 먹을 것을 주지 아니하였고 목마를 때에 마시게 하지 아니하였고 [43]나그네 되었을 때에 영접하지 아니하였고 벗었을 때에 옷 입히지 아니하였고 병들었을 때와 옥에 갇혔을 때에 돌아보지 아니하였느니라 하시니.

살후 1:6, 8-9

너희로 환난 받게 하는 자들에게는 환난으로 갚으시고, [8]하나님을 모르는 자들과 우리 주 예수의 복음을 복종치 않는 자들에게 형벌을 주시리니 [9]이런 자들이 주의 얼굴과 그의 힘의 영광을 떠나 영원한 멸망의 형벌을 받으리로다.

7 **마** 25:34-36

그때에 임금이 그 오른편에 있는 자들에게 이르시되 내 아버지께 복 받을 자들이여 나아와 창세로부터 너희를 위하여 예비된 나라를 상속하라. [35]내가 주릴 때에 너희가 먹을 것을 주었고 목마를 때에 마시게 하였고 나그네 되었을 때에 영접하였고 [36]벗었을 때에 옷을 입혔고 병들었을 때에 돌아보았고 옥에 갇혔을 때에 와서 보았느니라.

살전 4:16-17

주께서 호령과 천사장의 소리와 하나님의 나팔로 친히 하늘로 좇아 강림하시리니 그리스도 안에서 죽은 자들이 먼저 일어나고 [17]그 후에 우리 살아 남은 자도 저희와 함께 구름 속으로 끌어올려 공중에서 주를 영접하게 하시리니 그리하여 우리가 항상 주와 함께 있으리라.

살후 1:7, 10

환난 받는 너희에게는 우리와 함께 안식으로 갚으시는 것이 하나님의 공의시니 주 예수께서 저의 능력의 천사들과 함께 하늘로부터 불꽃 중에 나타나실 때에 [10]그날에 강림하사 그의 성도들에게서 영광을 얻으시고 모든 믿는 자에게서 기이히 여김을 얻으시리라 (우리의 증거가 너희에게 믿어졌음이라).

성신 하나님과 우리의 성화(聖化)에 관하여

제20주일

53문 : 성신께 관하여 당신은 무엇을 믿습니까?

답 : 첫째, 성신은
성부와 성자와 함께
참되고 영원한 하나님이십니다.[1]
둘째, 그분은 또한 나에게도 주어져서[2]
나로 하여금 참된 믿음으로
그리스도와 그의 모든 은덕에 참여하게 하며[3]
나를 위로하고[4]
영원히 나와 함께하십니다.[5]

1 **창** 1:2

땅이 혼돈하고 공허하며 흑암이 깊음 위에 있고 하나님의 신은 수면에 운행하시니라.

마 28:19

그러므로 너희는 가서 모든 족속으로 제자를 삼아 아버지와 아들과 성령의 이름으로 세례를 주고.

행 5:3-4

베드로가 가로되 아나니아야 어찌하여 사단이 네 마음에 가득하여 네가 성령을 속이고 땅 값 얼마를 감추었느냐? [4]땅이 그대로 있을 때에는 네 땅이 아니며 판 후에도 네 임의로 할 수가 없더냐? 어찌하여 이 일을 네 마음에 두었느냐? 사람에게 거짓말한 것이 아니요 하나님께로다.

고전 2:10

오직 하나님이 성령으로 이것을 우리에게 보이셨으니 성령은 모든 것 곧 하나님의 깊은 것이라도 통달하시느니라.

고전 3:16

너희가 하나님의 성전인 것과 하나님의 성령이 너희 안에 거하시는 것을 알지 못하느뇨?

고전 6:19

너희 몸은 너희가 하나님께로부터 받은 바 너희 가운데 계신 성령의 전(殿)인 줄을 알지 못하느냐? 너희는 너희의 것이 아니라.

2 **고후** 1:21-22

우리를 너희와 함께 그리스도 안에서 견고케 하시고 우리에게 기름을 부으신 이는 하나님이시니 [22]저가 또한 우리에게 인 치시고 보증으로 성령을 우리 마음에 주셨느니라.

갈 4:6

너희가 아들인 고로 하나님이 그 아들의 영을 우리 마음 가운데 보내사 아바 아버지라 부르게 하셨느니라.

엡 1:13

그 안에서 너희도 진리의 말씀 곧 너희의 구원의 복음을 듣고 그 안에서 또한 믿어 약속의 성령으로 인 치심을 받았으니.

3 **요** 16:14

그가 내 영광을 나타내리니 내 것을 가지고 너희에게 알리겠음이니라.

고전 2:12

우리가 세상의 영을 받지 아니하고 오직 하나님께로 온 영을 받았으니 이는 우리로 하여금 하나님께서 우리에게 은혜로 주신 것들을 알게 하려 하심이라.

갈 3:14

이는 그리스도 예수 안에서 아브라함의 복이 이방인에게 미치게 하고 또 우리로 하여금 믿음으로 말미암아 성령의 약속을 받게 하려 함이니라.

벧전 1:2

곧 하나님 아버지의 미리 아심을 따라 성령의 거룩하게 하심으로 순종함과 예수 그리스도의 피 뿌림을 얻기 위하여 택하심을 입은 자들에게 편지하노니 은혜와 평강이 너희에게 더욱 많을지어다.

4 **요** 15:26

내가 아버지께로서 너희에게 보낼 보혜사(保惠師) 곧 아버지께로서 나오시는 진리의 성령이 오실 때에 그가 나를 증거하실 것이요.

행 9:31

그리하여 온 유대와 갈릴리와 사마리아 교회가 평안하여 든든히 서 가고 주를 경외함과 성령의 위로로 진행하여 수가 더 많아지니라.

5 **요** 14:16-17

내가 아버지께 구하겠으니 그가 또 다른 보혜사를 너희에게 주사 영원토록 너희와 함께 있게 하시리니 [17]저는 진리의 영이라. 세상은 능히 저를 받지 못하나니 이는 저를 보지도 못하고 알지도 못함이라. 그러나 너희는 저를 아나니 저는 너희와 함께 거하심이요 또 너희 속에 계시겠음이라.

벧전 4:14

너희가 그리스도의 이름으로 욕을 받으면 복 있는 자로다. 영광의 영 곧 하나님의 영이 너희 위에 계심이라.

제21주일

54문 : "거룩한 보편적 교회"에 관하여
당신은 무엇을 믿습니까?

답 : 나는 하나님의 아들이[1]
세상의 처음부터 마지막 날까지[2]
모든 인류 가운데서[3]
영생을 위하여 선택하신[4] 교회를[5]
참된 믿음으로 하나가 되도록[6]
그의 말씀과 성신으로[7]
자신을 위하여
불러 모으고 보호하고 보존하심을[8] 믿습니다.
나도 지금 이 교회의 살아 있는 지체(肢體)이며[9]
영원히 그러할 것을 믿습니다.[10]

55문 : "성도의 교제"를 당신은 어떻게 이해합니까?

답 : 첫째, 신자는 모두 또한 각각
그리스도의 지체로서
주 그리스도와 교제하며
그의 모든 부요와 은사에 참여합니다.[11]
둘째, 각 신자는 자기의 은사를
다른 지체의 유익과 복을 위하여
기꺼이 그리고 즐거이
사용할 의무가 있습니다.[12]

56문 : "죄 사함"에 관하여 당신은 무엇을 믿습니까?

답 : 그리스도께서

하나님의 의를 만족시키셨기 때문에
하나님께서는
나의 모든 죄와[13]
내가 일평생 싸워야 할 나의 죄악된 본성을[14]
더 이상 기억하지 않으십니다.
오히려 하나님께서는 은혜로
그리스도의 의를 나에게 선물로 주셔서[15]
결코 정죄함에 이르지 않게 하십니다.[16]

1 **요** 10:11

나는 선한 목자라. 선한 목자는 양들을 위하여 목숨을 버리거니와.

엡 4:11-12

그가 혹은 사도로, 혹은 선지자로, 혹은 복음 전하는 자로, 혹은 목사와 교사로 주셨으니 [12]이는 성도를 온전케 하며 봉사의 일을 하게 하며 그리스도의 몸을 세우려 하심이라.

엡 5:25-26

남편들아 아내 사랑하기를 그리스도께서 교회를 사랑하시고 위하여 자신을 주심같이 하라. [26]이는 곧 물로 씻어 말씀으로 깨끗하게 하사 거룩하게 하시고.

2 **시** 71:17-18

하나님이여 나를 어려서부터 교훈하셨으므로 내가 지금까지 주의 기사를 전하였나이다. [18]하나님이여 내가 늙어 백수(白首)가 될 때에도 나를 버리지 마시며 내가 주의 힘을 후대에 전하고 주의 능을 장래 모든 사람에게 전하기까지 나를 버리지 마소서.

사 59:21

여호와께서 또 가라사대 내가 그들과 세운 나의 언약이 이러하니 곧 네 위에 있는 나의 신과 네 입에 둔 나의 말이 이제부터 영영토록 네 입에서와 네 후손의 입에서와 네 후손의 후손의 입에서 떠나지 아니하리라 하시니라. 여호와의 말씀이니라.

고전 11:26

너희가 이 떡을 먹으며 이 잔을 마실 때마다 주의 죽으심을 오실 때까지 전하는 것이니라.

3 **창** 26:4

네 자손을 하늘의 별과 같이 번성케 하며 이 모든 땅을 네 자손에게 주리니 네 자손을 인하여 천하 만민이 복을 받으리라.

사 49:6

그가 가라사대 네가 나의 종이 되어 야곱의 지파들을 일으키며 이스라엘 중에 보전된 자를 돌아오게 할 것은 오히려 경한 일이라. 내가 또 너로 이방의 빛을 삼아 나의 구원을 베풀어서 땅 끝까지 이르게 하리라.

롬 10:12-13

유대인이나 헬라인이나 차별이 없음이라. 한 주께서 모든 사람의 주가 되사 저를 부르는 모든 사람에게 부요하시도다. [13]누구든지 주의 이름을 부르는 자는 구원을 얻으리라.

계 5:9

새 노래를 노래하여 가로되 책을 가지시고 그 인봉을 떼기에 합당하시도다. 일찍 죽임을 당하사 각 족속과 방언과 백성과 나라 가운데서 사람들을 피로 사서 하나님께 드리시고.

4 **롬** 8:29-30

하나님이 미리 아신 자들로 또한 그 아들의

형상을 본받게 하기 위하여 미리 정하셨으니 이는 그로 많은 형제 중에서 맏아들이 되게 하려 하심이니라. 30또 미리 정하신 그들을 또한 부르시고 부르신 그들을 또한 의롭다 하시고 의롭다 하신 그들을 또한 영화롭게 하셨느니라.

엡 1:3-5, 10-14

찬송하리로다. 하나님 곧 우리 주 예수 그리스도의 아버지께서 그리스도 안에서 하늘에 속한 모든 신령한 복으로 우리에게 복 주시되 4곧 창세전(創世前)에 그리스도 안에서 우리를 택하사 우리로 사랑 안에서 그 앞에 거룩하고 흠이 없게 하시려고 5그 기쁘신 뜻대로 우리를 예정하사 예수 그리스도로 말미암아 자기의 아들들이 되게 하셨으니 10하늘에 있는 것이나 땅에 있는 것이 다 그리스도 안에서 통일되게 하려 하심이라. 11모든 일을 그 마음의 원대로 역사(役事)하시는 자의 뜻을 따라 우리가 예정을 입어 그 안에서 기업이 되었으니 12이는 그리스도 안에서 전부터 바라던 우리로 그의 영광의 찬송이 되게 하려 하심이라. 13그 안에서 너희도 진리의 말씀 곧 너희의 구원의 복음을 듣고 그 안에서 또한 믿어 약속의 성령으로 인 치심을 받았으니 14이는 우리의 기업에 보증이 되사 그 얻으신 것을 구속(救贖)하시고 그의 영광을 찬미하게 하려 하심이라.

벧전 2:9

오직 너희는 택하신 족속이요 왕 같은 제사장들이요 거룩한 나라요 그의 소유 된 백성이니 이는 너희를 어두운 데서 불러내어 그의 기이한 빛에 들어가게 하신 자의 아름다운 덕을 선전하게 하려 하심이라.

5 **시** 111:1

할렐루야, 내가 정직한 자의 회와 공회 중에서 전심으로 여호와께 감사하리로다.

행 20:28

너희는 자기를 위하여 또는 온 양 떼를 위하여 삼가라. 성령이 저들 가운데 너희로 감독자를 삼고 하나님이 자기 피로 사신 교회를 치게 하셨느니라.

딤전 3:15

만일 내가 지체하면 너로 하나님의 집에서 어떻게 행하여야 할 것을 알게 하려 함이니 이 집은 살아 계신 하나님의 교회요 진리의 기둥과 터이니라.

히 12:22-23

그러나 너희가 이른 곳은 시온 산과 살아 계신 하나님의 도성인 하늘의 예루살렘과 천만 천사와 23하늘에 기록한 장자(長子)들의 총회와 교회와 만민의 심판자이신 하나님과 및 온전케 된 의인의 영들과.

6 **요** 17:21

아버지께서 내 안에, 내가 아버지 안에 있는 것같이 저희도 다 하나가 되어 우리 안에 있게 하사 세상으로 아버지께서 나를 보내신 것을 믿게 하옵소서.

행 2:42

저희가 사도의 가르침을 받아 서로 교제하며 떡을 떼며 기도하기를 전혀 힘쓰니라.

고전 3:16

너희가 하나님의 성전인 것과 하나님의 성령이 너희 안에 거하시는 것을 알지 못하느뇨?

엡 4:3-6, 13

평안의 매는 줄로 성령의 하나 되게 하신 것을 힘써 지키라. 4몸이 하나이요 성령이 하나이니 이와 같이 너희가 부르심의 한 소망 안에서 부르심을 입었느니라. 5주도 하나이요 믿음도 하나이요 세례도 하나이요 6하나님도 하나이시니 곧 만유의 아버지시라. 만유 위에 계시고 만유를 통일하시고 만유 가운데 계시도다. 13우리가 다 하나님의 아들을 믿는 것과 아는 일에 하나가 되어 온전한 사람을 이루어 그리스도의 장성한 분량이 충만한 데까지 이르리니.

7 **사** 59:21

여호와께서 또 가라사대 내가 그들과 세운 나의 언약이 이러하니 곧 네 위에 있는 나의 신과 네 입에 둔 나의 말이 이제부터 영영토록 네 입에서와 네 후손의 입에서와 네 후손의 후손의 입에서 떠나지 아니하리라 하시니라. 여호와의 말씀이니라.

롬 1:16

내가 복음을 부끄러워하지 아니하노니 이 복음은 모든 믿는 자에게 구원을 주시는 하나님의 능력이 됨이라. 첫째는 유대인에게요 또한 헬라인에게로다.

롬 10:14-17

그런즉 저희가 믿지 아니하는 이를 어찌 부르리요? 듣지도 못한 이를 어찌 믿으리요? 전파하는 자가 없이 어찌 들으리요? [15]보내심을 받지 아니하였으면 어찌 전파하리요? 기록된 바 아름답도다 좋은 소식을 전하는 자들의 발이여 함과 같으니라. [16]그러나 저희가 다 복음을 순종치 아니하였도다. 이사야가 가로되 주여 우리의 전하는 바를 누가 믿었나이까 하였으니 [17]그러므로 믿음은 들음에서 나며 들음은 그리스도의 말씀으로 말미암았느니라.

엡 5:26

이는 곧 물로 씻어 말씀으로 깨끗하게 하사 거룩하게 하시고,

8 **시 129:4-5**

여호와께서는 의로우사 악인의 줄을 끊으셨도다. [5]무릇 시온을 미워하는 자는 수치를 당하여 물러갈지어다.

마 16:18

또 내가 네게 이르노니 너는 베드로라. 내가 이 반석 위에 내 교회를 세우리니 음부(陰府)의 권세가 이기지 못하리라.

요 10:16, 28

또 이 우리에 들지 아니한 다른 양들이 내게 있어 내가 인도하여야 할 터이니 저희도 내 음성을 듣고 한 무리가 되어 한 목자에게 있으리라. [28]내가 저희에게 영생을 주노니 영원히 멸망치 아니할 터이요 또 저희를 내 손에서 빼앗을 자가 없느니라.

9 **고전 12:27**

너희는 그리스도의 몸이요 지체(肢體)의 각 부분이라.

벧전 2:5

너희도 산 돌같이 신령한 집으로 세워지고 예수 그리스도로 말미암아 하나님이 기쁘게 받으실 신령한 제사를 드릴 거룩한 제사장이 될지니라.

10 **시 23:6**

나의 평생에 선하심과 인자하심이 정녕 나를 따르리니 내가 여호와의 집에 영원히 거하리로다.

요 10:28

내가 저희에게 영생을 주노니 영원히 멸망치 아니할 터이요 또 저희를 내 손에서 빼앗을 자가 없느니라.

롬 8:35-39

누가 우리를 그리스도의 사랑에서 끊으리요? 환난이나 곤고나 핍박이나 기근이나 적신(赤身)이나 위험이나 칼이랴? [36]기록된 바 우리가 종일 주를 위하여 죽임을 당케 되며 도살할 양 같이 여김을 받았나이다 함과 같으니라. [37]그러나 이 모든 일에 우리를 사랑하시는 이로 말미암아 우리가 넉넉히 이기느니라. [38]내가 확신하노니 사망이나 생명이나 천사들이나 권세자들이나 현재 일이나 장래 일이나 능력이나 [39]높음이나 깊음이나 다른 아무 피조물이라도 우리를 우리 주 그리스도 예수 안에 있는 하나님의 사랑에서 끊을 수 없으리라.

고전 1:8-9

주께서 너희를 우리 주 예수 그리스도의 날에 책망할 것이 없는 자로 끝까지 견고케 하시리라. [9]너희를 불러 그의 아들 예수 그리스도 우리 주로 더불어 교제케 하시는 하나님은 미쁘시도다.

벧전 1:5

너희가 말세에 나타내기로 예비하신 구원을 얻기 위하여 믿음으로 말미암아 하나님의 능력으로 보호하심을 입었나니.

요일 2:19

저희가 우리에게서 나갔으나 우리에게 속하지 아니하였나니 만일 우리에게 속하였더면 우리와 함께 거하였으려니와 저희가 나간 것은 다 우리에게 속하지 아니함을 나타내려 함이니라.

11 **롬 8:32**

자기 아들을 아끼지 아니하시고 우리 모든 사람을 위하여 내어 주신 이가 어찌 그 아들과 함

께 모든 것을 우리에게 은사로 주지 아니하시겠느뇨?

고전 6:17

주와 합하는 자는 한 영이니라.

고전 12:12-13

몸은 하나인데 많은 지체(肢體)가 있고 몸의 지체가 많으나 한 몸임과 같이 그리스도도 그러하니라. [13]우리가 유대인이나 헬라인이나 종이나 자유자나 다 한 성령으로 세례를 받아 한 몸이 되었고 또 다 한 성령을 마시게 하셨느니라.

요일 1:3

우리가 보고 들은 바를 너희에게도 전함은 너희로 우리와 사귐이 있게 하려 함이니 우리의 사귐은 아버지와 그 아들 예수 그리스도와 함께 함이라.

12 **고전** 12:21

눈이 손더러 내가 너를 쓸데없다 하거나 또한 머리가 발더러 내가 너를 쓸데없다 하거나 하지 못하리라.

고전 12:31-13:7

너희는 더욱 큰 은사를 사모하라. 내가 또한 제일 좋은 길을 너희에게 보이리라. [13:1]내가 사람의 방언과 천사의 말을 할지라도 사랑이 없으면 소리 나는 구리와 울리는 꽹과리가 되고 [2]내가 예언하는 능이 있어 모든 비밀과 모든 지식을 알고 또 산을 옮길 만한 모든 믿음이 있을지라도 사랑이 없으면 내가 아무것도 아니요 [3]내가 내게 있는 모든 것으로 구제하고 또 내 몸을 불사르게 내어 줄지라도 사랑이 없으면 내게 아무 유익이 없느니라. [4]사랑은 오래 참고 사랑은 온유하며 투기하는 자가 되지 아니하며 사랑은 자랑하지 아니하며 교만하지 아니하며 [5]무례히 행치 아니하며 자기의 유익을 구치 아니하며 성내지 아니하며 악한 것을 생각지 아니하며 [6]불의를 기뻐하지 아니하며 진리와 함께 기뻐하고 [7]모든 것을 참으며 모든 것을 믿으며 모든 것을 바라며 모든 것을 견디느니라.

빌 2:2-5

마음을 같이하여 같은 사랑을 가지고 뜻을 합하며 한마음을 품어 [3]아무 일에든지 다툼이나 허영으로 하지 말고 오직 겸손한 마음으로 각각 자기보다 남을 낫게 여기고 [4]각각 자기 일을 돌아볼뿐더러 또한 각각 다른 사람들의 일을 돌아보아 나의 기쁨을 충만케 하라. [5]너희 안에 이 마음을 품으라. 곧 그리스도 예수의 마음이니.

13 **시** 103:3, 10, 12

저가 네 모든 죄악을 사하시며 네 모든 병을 고치시며 [10]우리의 죄를 따라 처치하지 아니하시며 우리의 죄악을 따라 갚지 아니하셨으니 [12]동이 서에서 먼 것같이 우리 죄과를 우리에게서 멀리 옮기셨으며.

렘 31:34

그들이 다시는 각기 이웃과 형제를 가리켜 이르기를 너는 여호와를 알라 하지 아니하리니 이는 작은 자로부터 큰 자까지 다 나를 앎이니라. 내가 그들의 죄악을 사하고 다시는 그 죄를 기억지 아니하리라. 여호와의 말이니라.

미 7:19

다시 우리를 긍휼히 여기셔서 우리의 죄악을 발로 밟으시고 우리의 모든 죄를 깊은 바다에 던지시리이다.

고후 5:19

이는 하나님께서 그리스도 안에 계시사 세상을 자기와 화목하게 하시며 저희의 죄를 저희에게 돌리지 아니하시고 화목하게 하는 말씀을 우리에게 부탁하셨느니라.

14 **롬** 7:23-25

내 지체(肢體) 속에서 한 다른 법이 내 마음의 법과 싸워 내 지체 속에 있는 죄의 법 아래로 나를 사로잡아 오는 것을 보는도다. [24]오호라 나는 곤고한 사람이로다! 이 사망의 몸에서 누가 나를 건져 내랴? [25]우리 주 예수 그리스도로 말미암아 하나님께 감사하리로다. 그런즉 내 자신이 마음으로는 하나님의 법을, 육신으로는 죄의 법을 섬기노라.

15 **롬** 3:23-24

모든 사람이 죄를 범하였으매 하나님의 영광에 이르지 못하더니 [24]그리스도 예수 안에 있는 구속(救贖)으로 말미암아 하나님의 은혜로 값없이 의롭다 하심을 얻은 자 되었느니라.

롬 5:18-19

그런즉 한 범죄로 많은 사람이 정죄에 이른 것같이 의의 한 행동으로 말미암아 많은 사람이 의롭다 하심을 받아 생명에 이르렀느니라. [19]한 사람의 순종치 아니함으로 많은 사람이 죄인 된 것같이 한 사람의 순종하심으로 많은 사람이 의인이 되리라.

고후 5:21

하나님이 죄를 알지도 못하신 자로 우리를 대신하여 죄를 삼으신 것은 우리로 하여금 저의 안에서 하나님의 의가 되게 하려 하심이니라.

요일 1:7

저가 빛 가운데 계신 것같이 우리도 빛 가운데 행하면 우리가 서로 사귐이 있고 그 아들 예수의 피가 우리를 모든 죄에서 깨끗하게 하실 것이요.

요일 2:1-2

나의 자녀들아 내가 이것을 너희에게 씀은 너희로 죄를 범치 않게 하려 함이라. 만일 누가 죄를 범하면 아버지 앞에서 우리에게 대언자(代言者)가 있으니 곧 의로우신 예수 그리스도시라. [2]저는 우리 죄를 위한 화목제물이니 우리만 위할 뿐 아니요 온 세상의 죄를 위하심이라.

16 **요 3:18**

저를 믿는 자는 심판을 받지 아니하는 것이요 믿지 아니하는 자는 하나님의 독생자의 이름을 믿지 아니하므로 벌써 심판을 받은 것이니라.

요 5:24

내가 진실로 진실로 너희에게 이르노니 내 말을 듣고 또 나 보내신 이를 믿는 자는 영생을 얻었고 심판에 이르지 아니하나니 사망에서 생명으로 옮겼느니라.

롬 8:1-2

그러므로 이제 그리스도 예수 안에 있는 자에게는 결코 정죄함이 없나니 [2]이는 그리스도 예수 안에 있는 생명의 성령의 법이 죄와 사망의 법에서 너를 해방하였음이라.

제22주일

57문 : "육신의 부활"은 당신에게 어떠한 위로를 줍니까?

답 : 이 생명이 끝나는 즉시
나의 영혼은
머리 되신 그리스도에게 올려질 것입니다.[1]
또한 나의 이 육신도
그리스도의 능력으로 일으킴을 받아
나의 영혼과 다시 결합되어
그리스도의 영광스러운 몸과 같이 될 것입니다.[2]

58문 : "영원한 생명"은 당신에게 어떠한 위로를 줍니까?

답 : 내가 이미 지금
영원한 즐거움을
마음으로 누리기 시작한 것처럼[3]
이 생명이 끝나면
눈으로 보지 못하고
귀로도 듣지 못하고
사람의 마음으로도 생각지 못한
완전한 복락을 얻어
하나님을 영원히 찬양할 것입니다.[4]

1 **눅 16:22**
이에 그 거지가 죽어 천사들에게 받들려 아브라함의 품에 들어가고 부자도 죽어 장사되매.

눅 20:37-38
죽은 자의 살아난다는 것은 모세도 가시나무 떨기에 관한 글에 보였으되 주를 아브라함의 하나님이요 이삭의 하나님이요 야곱의 하나님이시라 칭하였나니 [38]하나님은 죽은 자의 하나님이 아니요 산 자의 하나님이시라. 하나님에게는 모든 사람이 살았느니라 하시니.

눅 23:43
예수께서 이르시되 내가 진실로 네게 이르노

니 오늘 네가 나와 함께 낙원에 있으리라 하시니라.

빌 1:21, 23

이는 내게 사는 것이 그리스도니 죽는 것도 유익함이니라. [23]내가 그 두 사이에 끼였으니 떠나서 그리스도와 함께 있을 욕망을 가진 이것이 더욱 좋으나.

계 14:13

또 내가 들으니 하늘에서 음성이 나서 가로되 기록하라. 자금(自今) 이후로 주 안에서 죽는 자들은 복이 있도다 하시매 성령이 가라사대 그러하다. 저희 수고를 그치고 쉬리니 이는 저희의 행한 일이 따름이라 하시더라.

2 **욥** 19:25-27

내가 알기에는 나의 구속자(救贖者)가 살아 계시니 후일에 그가 땅 위에 서실 것이라. [26]나의 이 가죽, 이것이 썩은 후에 내가 육체 밖에서 하나님을 보리라. [27]내가 친히 그를 보리니 내 눈으로 그를 보기를 외인처럼 하지 않을 것이라. 내 마음이 초급(焦急)하구나.

고전 15:20, 53-54

그러나 이제 그리스도께서 죽은 자 가운데서 다시 살아 잠 자는 자들의 첫 열매가 되셨도다. [53]이 썩을 것이 불가불 썩지 아니할 것을 입겠고 이 죽을 것이 죽지 아니함을 입으리로다. [54]이 썩을 것이 썩지 아니함을 입고 이 죽을 것이 죽지 아니함을 입을 때에는 사망이 이김의 삼킨 바 되리라고 기록된 말씀이 응하리라.

빌 3:21

그가 만물을 자기에게 복종케 하실 수 있는 자의 역사(役事)로 우리의 낮은 몸을 자기 영광의 몸의 형체와 같이 변케 하시리라.

요일 3:2

사랑하는 자들아 우리가 지금은 하나님의 자녀라. 장래에 어떻게 될 것은 아직 나타나지 아니하였으나 그가 나타내심이 되면 우리가 그와 같을 줄을 아는 것은 그의 계신 그대로 볼 것을 인함이니.

3 **요** 17:3

영생은 곧 유일하신 참하나님과 그의 보내신 자 예수 그리스도를 아는 것이니이다.

롬 14:17

하나님의 나라는 먹는 것과 마시는 것이 아니요 오직 성령 안에서 의와 평강과 희락이라.

요일 3:14

우리가 형제를 사랑함으로 사망에서 옮겨 생명으로 들어간 줄을 알거니와 사랑치 아니하는 자는 사망에 거하느니라.

4 **요** 17:24

아버지여 내게 주신 자도 나 있는 곳에 나와 함께 있어 아버지께서 창세전(創世前)부터 나를 사랑하시므로 내게 주신 나의 영광을 저희로 보게 하시기를 원하옵나이다.

고전 2:9

기록된 바 하나님이 자기를 사랑하는 자들을 위하여 예비하신 모든 것은 눈으로 보지 못하고 귀로도 듣지 못하고 사람의 마음으로도 생각지 못하였다 함과 같으니라.

고후 5:2-3

과연 우리가 여기 있어 탄식하며 하늘로부터 오는 처소로 덧입기를 간절히 사모하노니 [3]이렇게 입음은 벗은 자들로 발견되지 않으려 함이라.

의롭다 하심에 관하여

제23주일

59문 : 이 모든 것을 믿는 것이
당신에게 지금 어떤 유익을 줍니까?

답 : 그리스도 안에서
나는 하나님 앞에 의롭게 되며
영원한 생명의 상속자가 됩니다.[1]

60문 : 당신은 어떻게 하나님 앞에서 의롭게 됩니까?

답 : 오직 예수 그리스도에 대한
참된 믿음으로만 됩니다.[2]
비록 내가 하나님의 모든 계명을 크게 어겼고
단 하나도 지키지 않았으며[3]
여전히 모든 악으로 향하는 성향이 있다고[4]
나의 양심이 고소하지만,
하나님께서는
나의 공로가 전혀 없이
순전히 은혜로[5]
그리스도의 온전히 만족케 하심과
의로움과 거룩함을 선물로 주십니다.[6]
하나님께서는
마치 나에게 죄가 전혀 없고
또한 내가 죄를 짓지 않은 것처럼,
실로 그리스도께서

나를 위해 이루신 모든 순종을
내가 직접 이룬 것처럼
여겨 주십니다.[7]
오직 믿는 마음으로만
나는 이 선물을 받습니다.[8]

61문 : 당신은 왜
오직 믿음으로만 의롭게 된다고 말합니까?

답 : 나의 믿음에 어떤 가치가 있어서
하나님께서 나를 받으실 만한 것은 아니며,
오직 그리스도의 만족케 하심과
의로움과 거룩함만이
하나님 앞에서 나의 의가 됩니다.[9]
오직 믿음으로만
이 의를 받아들여
나의 것으로 삼을 수 있습니다.[10]

1 **합 2:4**

보라 그의 마음은 교만하며 그의 속에서 정직하지 못하니라. 그러나 의인은 그 믿음으로 말미암아 살리라.

요 3:36

아들을 믿는 자는 영생이 있고 아들을 순종치 아니하는 자는 영생을 보지 못하고 도리어 하나님의 진노가 그 위에 머물러 있느니라.

롬 1:17

복음에는 하나님의 의가 나타나서 믿음으로 믿음에 이르게 하나니 기록된 바 오직 의인은 믿음으로 말미암아 살리라 함과 같으니라.

2 **롬 3:21-26**

이제는 율법 외에 하나님의 한 의가 나타났으니 율법과 선지자들에게 증거를 받은 것이라. [22]곧 예수 그리스도를 믿음으로 말미암아 모든 믿는 자에게 미치는 하나님의 의니 차별이 없느니라. [23]모든 사람이 죄를 범하였으매 하나님의 영광에 이르지 못하더니 [24]그리스도 예수 안에 있는 구속(救贖)으로 말미암아 하나님의 은혜로 값없이 의롭다 하심을 얻은 자 되었느니라. [25]이 예수를 하나님이 그의 피로 인하여 믿음으로 말미암는 화목제물로 세우셨으니 이는 하나님께서 길이 참으시는 중에 전에 지은 죄를 간과하심으로 자기의 의로우심을 나타내려 하심이니 [26]곧 이때에 자기의 의로우심을 나타내사 자기도 의로우시며 또한 예수 믿는 자를 의롭다 하려 하심이니라.

롬 5:1-2

그러므로 우리가 믿음으로 의롭다 하심을 얻었은즉 우리 주 예수 그리스도로 말미암아 하나님으로 더불어 화평을 누리자. [2]또한 그로 말미암아 우리가 믿음으로 서 있는 이 은혜에 들어감을 얻었으며 하나님의 영광을 바라고 즐거워하느니라.

갈 2:16

사람이 의롭게 되는 것은 율법의 행위에서 난 것이 아니요 오직 예수 그리스도를 믿음으로 말미암는 줄 아는 고로 우리도 그리스도 예수를 믿나니 이는 우리가 율법의 행위에서 아니고 그리스도를 믿음으로서 의롭다 함을 얻으려 함이라. 율법의 행위로서는 의롭다 함을 얻을 육체가 없느니라.

엡 2:8-9

너희가 그 은혜를 인하여 믿음으로 말미암아 구원을 얻었나니 이것이 너희에게서 난 것이 아니요 하나님의 선물이라. [9]행위에서 난 것이 아니니 이는 누구든지 자랑치 못하게 함이니라.

빌 3:9

그 안에서 발견되려 함이니 내가 가진 의는 율법에서 난 것이 아니요 오직 그리스도를 믿음으로 말미암은 것이니 곧 믿음으로 하나님께로서 난 의라.

3 **롬** 3:9-12

그러면 어떠하뇨? 우리는 나으뇨? 결코 아니라. 유대인이나 헬라인이나 다 죄 아래 있다고 우리가 이미 선언하였느니라. [10]기록한 바 의인은 없나니 하나도 없으며 [11]깨닫는 자도 없고 하나님을 찾는 자도 없고 [12]다 치우쳐 한가지로 무익하게 되고 선을 행하는 자는 없나니 하나도 없도다.

약 2:10-11

누구든지 온 율법을 지키다가 그 하나에 거치면 모두 범한 자가 되나니 [11]간음하지 말라 하신 이가 또한 살인하지 말라 하셨은즉 네가 비록 간음하지 아니하여도 살인하면 율법을 범한 자가 되느니라.

4 **롬** 7:23

내 지체(肢體) 속에서 한 다른 법이 내 마음의 법과 싸워 내 지체 속에 있는 죄의 법 아래로 나를 사로잡아 오는 것을 보는도다.

5 **신** 9:6

그러므로 네가 알 것은 네 하나님 여호와께서 네게 이 아름다운 땅을 기업으로 주신 것이 네 의로움을 인함이 아니니라. 너는 목이 곧은 백성이니라.

겔 36:22

그러므로 너는 이스라엘 족속에게 이르기를 주 여호와의 말씀에 이스라엘 족속아 내가 이렇게 행함은 너희를 위함이 아니요 너희가 들어간 그 열국에서 더럽힌 나의 거룩한 이름을 위함이라.

롬 3:24

그리스도 예수 안에 있는 구속(救贖)으로 말미암아 하나님의 은혜로 값없이 의롭다 하심을 얻은 자 되었느니라.

엡 2:8

너희가 그 은혜를 인하여 믿음으로 말미암아 구원을 얻었나니 이것이 너희에게서 난 것이 아니요 하나님의 선물이라.

딛 3:5

우리를 구원하시되 우리의 행한 바 의로운 행위로 말미암지 아니하고 오직 그의 긍휼하심을 좇아 중생의 씻음과 성령의 새롭게 하심으로 하셨나니.

6 **롬** 4:24-25

의로 여기심을 받을 우리도 위함이니 곧 예수 우리 주를 죽은 자 가운데서 살리신 이를 믿는 자니라. [25]예수는 우리 범죄함을 위하여 내어 줌이 되고 또한 우리를 의롭다 하심을 위하여 살아나셨느니라.

고후 5:21

하나님이 죄를 알지도 못하신 자로 우리를 대신하여 죄를 삼으신 것은 우리로 하여금 저의 안에서 하나님의 의가 되게 하려 하심이니라.

요일 2:1-2

나의 자녀들아 내가 이것을 너희에게 씀은 너

희로 죄를 범치 않게 하려 함이라. 만일 누가 죄를 범하면 아버지 앞에서 우리에게 대언자(代言者)가 있으니 곧 의로우신 예수 그리스도시라. [2]저는 우리 죄를 위한 화목제물이니 우리만 위할 뿐 아니요 온 세상의 죄를 위하심이라.

7 **롬 4:4-8**

일하는 자에게는 그 삯을 은혜로 여기지 아니하고 빚으로 여기거니와 [5]일을 아니할지라도 경건치 아니한 자를 의롭다 하시는 이를 믿는 자에게는 그의 믿음을 의로 여기시나니 [6]일한 것이 없이 하나님께 의로 여기심을 받는 사람의 행복에 대하여 다윗의 말한 바 [7]그 불법을 사하심을 받고 그 죄를 가리우심을 받는 자는 복이 있고 [8]주께서 그 죄를 인정치 아니하실 사람은 복이 있도다 함과 같으니라.

고후 5:19

이는 하나님께서 그리스도 안에 계시사 세상을 자기와 화목하게 하시며 저희의 죄를 저희에게 돌리지 아니하시고 화목하게 하는 말씀을 우리에게 부탁하셨느니라.

8 **요 3:18**

저를 믿는 자는 심판을 받지 아니하는 것이요 믿지 아니하는 자는 하나님의 독생자의 이름을 믿지 아니하므로 벌써 심판을 받은 것이니라.

롬 3:22

곧 예수 그리스도를 믿음으로 말미암아 모든 믿는 자에게 미치는 하나님의 의니 차별이 없느니라.

9 **고전 1:30**

너희는 하나님께로부터 나서 그리스도 예수 안에 있고 예수는 하나님께로서 나와서 우리에게 지혜와 의로움과 거룩함과 구속(救贖)함이 되셨으니.

고전 2:2

내가 너희 중에서 예수 그리스도와 그의 십자가에 못 박히신 것 외에는 아무것도 알지 아니하기로 작정하였음이라.

10 **롬 10:10**

사람이 마음으로 믿어 의에 이르고 입으로 시인하여 구원에 이르느니라.

요일 5:10

하나님의 아들을 믿는 자는 자기 안에 증거가 있고 하나님을 믿지 아니하는 자는 하나님을 거짓말하는 자로 만드나니 이는 하나님께서 그 아들에 관하여 증거하신 증거를 믿지 아니하였음이라.

제24주일

62문 : 우리의 선행은 왜
하나님 앞에서 의가 될 수 없으며
의의 한 부분이라도 될 수 없습니까?

답 : 하나님의 심판대 앞에 설 수 있는 의는
절대적으로 완전해야 하며
모든 면에서
하나님의 율법에 일치해야 합니다.[1]
그러나 우리가 이 세상에서 행한 최고의 행위라도
모두 불완전하며
죄로 오염되어 있습니다.[2]

63문 : 하나님께서 우리의 선행에 대해
이 세상과 오는 세상에서
상 주시겠다고 약속하시는데,[3]
그래도 우리의 선행은
아무 공로가 없다고 할 수 있습니까?

답 : 하나님의 상은
공로로 얻는 것이 아니고
은혜로 주시는 선물입니다.[4]

64문 : 이러한 가르침으로 말미암아
사람들이 무관심하고 사악하게 되지 않겠습니까?[5]

답 : 아닙니다.
참된 믿음으로 그리스도에게 접붙여진 사람들이
감사의 열매를 맺지 않는 것은 불가능합니다.[6]

1 **신** 27:26

이 율법의 모든 말씀을 실행치 아니하는 자는 저주를 받을 것이라 할 것이요 모든 백성은 아멘 할지니라.

갈 3:10

무릇 율법 행위에 속한 자들은 저주 아래 있나니 기록된 바 누구든지 율법 책에 기록된 대로 온갖 일을 항상 행하지 아니하는 자는 저주 아래 있는 자라 하였음이라.

2 **사** 64:6

대저 우리는 다 부정한 자 같아서 우리의 의는 다 더러운 옷 같으며 우리는 다 쇠패(衰敗)함이 잎사귀 같으므로 우리의 죄악이 바람같이 우리를 몰아가나이다.

3 **마** 5:12

기뻐하고 즐거워하라. 하늘에서 너희의 상이 큼이라. 너희 전에 있던 선지자들을 이같이 핍박하였느니라.

히 11:6

믿음이 없이는 기쁘시게 못하나니 하나님께 나아가는 자는 반드시 그가 계신 것과 또한 그가 자기를 찾는 자들에게 상 주시는 이심을 믿어야 할지니라.

4 **눅** 17:10

이와 같이 너희도 명령받은 것을 다 행한 후에 이르기를 우리는 무익한 종이라. 우리의 하여야 할 일을 한 것뿐이라 할지니라.

딤후 4:7-8

내가 선한 싸움을 싸우고 나의 달려갈 길을 마치고 믿음을 지켰으니 [8]이제 후로는 나를 위하여 의의 면류관이 예비되었으므로 주 곧 의로우신 재판장이 그날에 내게 주실 것이니 내게만 아니라 주의 나타나심을 사모하는 모든 자에게니라.

5 **롬** 3:8

또는 그러면 선을 이루기 위하여 악을 행하자 하지 않겠느냐? (어떤 이들이 이렇게 비방하여 우리가 이런 말을 한다고 하니) 저희가 정죄받는 것이 옳으니라.

6 **시** 92:12-15

의인은 종려나무같이 번성하며 레바논의 백향목같이 발육하리로다. [13]여호와의 집에 심겼음이여 우리 하나님의 궁정에서 흥왕하리로다. [14]늙어도 결실하며 진액이 풍족하고 빛이 청청하여 [15]여호와의 정직하심을 나타내리로다. 여호와는 나의 바위시라. 그에게는 불의가 없도다.

마 7:18

좋은 나무가 나쁜 열매를 맺을 수 없고 못된 나무가 아름다운 열매를 맺을 수 없느니라.

눅 6:43-45

못된 열매 맺는 좋은 나무가 없고 또 좋은 열매 맺는 못된 나무가 없느니라. [44]나무는 각각 그 열매로 아나니 가시나무에서 무화과를, 또는 찔레에서 포도를 따지 못하느니라. [45]선한 사람은 마음의 쌓은 선에서 선을 내고 악한 자는 그 쌓은 악에서 악을 내나니 이는 마음에 가득한 것을 입으로 말함이니라.

요 15:5

나는 포도나무요 너희는 가지니 저가 내 안에, 내가 저 안에 있으면 이 사람은 과실을 많이 맺나니 나를 떠나서는 너희가 아무것도 할 수 없음이라.

말씀과 성례에 관하여

제25주일

65문 : 오직 믿음으로만 우리가
그리스도와 그의 모든 은덕(恩德)에 참여할 수 있는데,
이 믿음은 어디에서 옵니까?

답 : 성신에게서 옵니다.[1]
그분은 거룩한 복음의 강설로
우리의 마음에 믿음을 일으키며,[2]
성례의 시행(施行)으로
믿음을 굳세게 하십니다.[3]

66문 : 성례가 무엇입니까?

답 : 성례는
복음 약속의
눈에 보이는 거룩한 표(標)와 인(印)으로,
하나님께서 제정하신 것입니다.
성례가 시행될 때,
하나님께서는
복음 약속을 우리에게
훨씬 더 충만하게 선언하고 확증하십니다.[4]
이 약속은
그리스도가 십자가 위에서 이루신
단번의 제사 때문에,
하나님께서 우리에게

죄 사함과 영원한 생명을
은혜로 주신다는 것입니다.[5]

67문 : 그러면 말씀과 성례 이 둘은
우리의 믿음을
우리의 구원의 유일한 근거가 되는 것,
곧 예수 그리스도의 십자가의 제사로
향하도록 하기 위한 것입니까?

답 : 참으로 그렇습니다.
우리의 모든 구원이
그리스도가 우리를 위해 십자가 위에서 이루신
단번의 제사에 있다는 것을
성신께서는
복음으로 가르치고
성례로 확증하십니다.[6]

68문 : 그리스도께서 신약에서 제정하신 성례는
몇 가지입니까?

답 : 거룩한 세례와 성찬,
두 가지입니다.

1 **요** 3:5

예수께서 대답하시되 진실로 진실로 네게 이르노니 사람이 물과 성령으로 나지 아니하면 하나님 나라에 들어갈 수 없느니라.

고전 2:12

우리가 세상의 영을 받지 아니하고 오직 하나님께로 온 영을 받았으니 이는 우리로 하여금 하나님께서 우리에게 은혜로 주신 것들을 알게 하려 하심이라.

고전 12:3

그러므로 내가 너희에게 알게 하노니 하나님의 영으로 말하는 자는 누구든지 예수를 저주할 자라 하지 않고 또 성령으로 아니하고는 누구든지 예수를 주시라 할 수 없느니라.

엡 2:8

너희가 그 은혜를 인하여 믿음으로 말미암아

구원을 얻었나니 이것이 너희에게서 난 것이 아니요 하나님의 선물이라.

빌 1:19

이것이 너희 간구와 예수 그리스도의 성령의 도우심으로 내 구원에 이르게 할 줄 아는 고로.

2 **행** 16:14

두아디라 성의 자주(紫紬) 장사로서 하나님을 공경하는 루디아라 하는 한 여자가 들었는데 주께서 그 마음을 열어 바울의 말을 청종하게 하신지라.

롬 10:17

그러므로 믿음은 들음에서 나며 들음은 그리스도의 말씀으로 말미암았느니라.

약 1:18

그가 그 조물(造物) 중에 우리로 한 첫 열매가 되게 하시려고 자기의 뜻을 좇아 진리의 말씀으로 우리를 낳으셨느니라.

벧전 1:23

너희가 거듭난 것이 썩어질 씨로 된 것이 아니요 썩지 아니할 씨로 된 것이니 하나님의 살아 있고 항상 있는 말씀으로 되었느니라.

3 **마** 28:19

그러므로 너희는 가서 모든 족속으로 제자를 삼아 아버지와 아들과 성령의 이름으로 세례를 주고.

고전 11:26

너희가 이 떡을 먹으며 이 잔을 마실 때마다 주의 죽으심을 오실 때까지 전하는 것이니라.

4 **창** 17:11

너희는 양피(陽皮)를 베어라. 이것이 나와 너희 사이의 언약의 표징이니라.

신 30:6

네 하나님 여호와께서 네 마음과 네 자손의 마음에 할례를 베푸사 너로 마음을 다하며 성품을 다하여 네 하나님 여호와를 사랑하게 하사 너로 생명을 얻게 하실 것이며.

사 6:6-7

때에 그 스랍의 하나가 화저로 단에서 취한 바 핀 숯을 손에 가지고 내게로 날아와서 [7]그것을 내 입에 대며 가로되 보라 이것이 네 입에 닿았으니 네 악이 제하여졌고 네 죄가 사하여졌느니라 하더라.

사 54:9

이는 노아의 홍수에 비하리로다. 내가 다시는 노아의 홍수로 땅 위에 범람치 않게 하리라 맹세한 것같이 내가 다시는 너를 노하지 아니하며 다시는 너를 책망하지 아니하기로 맹세하였노니.

겔 20:12

또 나는 그들을 거룩하게 하는 여호와인 줄 알게 하려 하여 내가 내 안식일을 주어 그들과 나 사이에 표징을 삼았었노라.

롬 4:11

저가 할례의 표를 받은 것은 무할례시에 믿음으로 된 의를 인 친 것이니 이는 무할례자로서 믿는 모든 자의 조상이 되어 저희로 의로 여기심을 얻게 하려 하심이라.

5 **레** 6:25

아론과 그 아들들에게 고하여 이르라. 속죄제의 규례는 이러하니라. 속죄제 희생은 지극히 거룩하니 여호와 앞 번제 희생을 잡는 곳에서 그 속죄제 희생을 잡을 것이요.

마 26:28

이것은 죄 사함을 얻게 하려고 많은 사람을 위하여 흘리는 바 나의 피 곧 언약의 피니라.

히 9:7, 9

오직 둘째 장막은 대제사장이 홀로 일 년 일차씩 들어가되 피 없이는 아니하나니 이 피는 자기와 백성의 허물을 위하여 드리는 것이라. [9]이 장막은 현재까지의 비유니 이에 의지하여 드리는 예물과 제사가 섬기는 자로 그 양심상으로 온전케 할 수 없나니.

히 9:24

그리스도께서는 참 것의 그림자인 손으로 만든 성소에 들어가지 아니하시고 오직 참 하늘에 들어가사 이제 우리를 위하여 하나님 앞에 나타나시고.

히 10:10

이 뜻을 좇아 예수 그리스도의 몸을 단번에 드리심으로 말미암아 우리가 거룩함을 얻었노라.

6 **롬 6:3**

무릇 그리스도 예수와 합하여 세례를 받은 우리는 그의 죽으심과 합하여 세례 받은 줄을 알지 못하느뇨?

고전 10:16

우리가 축복하는 바 축복의 잔은 그리스도의 피에 참예함이 아니며 우리가 떼는 떡은 그리스도의 몸에 참예함이 아니냐?

고전 11:26

너희가 이 떡을 먹으며 이 잔을 마실 때마다 주의 죽으심을 오실 때까지 전하는 것이니라.

갈 3:27

누구든지 그리스도와 합하여 세례를 받은 자는 그리스도로 옷 입었느니라.

거룩한 세례에 관하여

제26주일

69문 : 그리스도께서 십자가 위에서 이루신 단번의 제사가
당신에게 유익이 됨을
거룩한 세례에서 어떻게 깨닫고 확신합니까?

답 : 그리스도께서
물로 씻는 이 외적(外的) 의식을 제정하시고,[1]
그의 피와 성신으로
나의 영혼의 더러운 것,
곧 나의 모든 죄가 씻겨짐을 약속하셨습니다.[2]
이것은 물로 씻어 몸의 더러운 것을 없애는 것처럼
확실합니다.

70문 : 그리스도의 피와 성신으로 씻겨진다는 것은
무슨 뜻입니까?

답 : 그리스도의 피로 씻겨짐은
십자가의 제사에서 우리를 위해 흘린
그리스도의 피로 말미암아
은혜로 우리가
하나님께 죄 사함 받았음을 뜻합니다.[3]
성신으로 씻겨짐은
우리가 성신으로 새롭게 되고
그리스도의 지체(肢體)로 거룩하게 되어,
점점 더 죄에 대하여 죽고

거룩하고 흠이 없는 삶을 사는 것을
의미합니다.[4]

71문 : 세례의 물로 씻는 것처럼 확실히,
그리스도께서 자신의 피와 성신으로
우리를 씻으신다는 약속을
어디에서 하셨습니까?

답 : 세례를 제정하실 때 이렇게 말씀하셨습니다.
"그러므로 너희는 가서
모든 족속으로 제자를 삼아
아버지와 아들과 성령의 이름으로
세례를 주고"(마 28:19),
"믿고 세례를 받는 사람은
구원을 얻을 것이요
믿지 않는 사람은
정죄를 받으리라"(막 16:16).
이 약속은 성경이 세례를
"중생의 씻음"
혹은 "죄를 씻음"이라고 부른 데서도
거듭 나타납니다(딛 3:5; 행 22:16).

1 **마 28:19**
그러므로 너희는 가서 모든 족속으로 제자를 삼아 아버지와 아들과 성령의 이름으로 세례를 주고.

2 **마 3:11**
나는 너희로 회개케 하기 위하여 물로 세례를 주거니와 내 뒤에 오시는 이는 나보다 능력이 많으시니 나는 그의 신을 들기도 감당치 못하겠노라. 그는 성령과 불로 너희에게 세례를 주실 것이요.

막 1:4
세례 요한이 이르러 광야에서 죄 사함을 받게 하는 회개의 세례를 전파하니.

막 16:16
믿고 세례를 받는 사람은 구원을 얻을 것이요 믿지 않는 사람은 정죄를 받으리라.

눅 3:3

요한이 요단 강 부근 각처에 와서 죄 사함을 얻게 하는 회개의 세례를 전파하니.

요 1:33

나도 그를 알지 못하였으나 나를 보내어 물로 세례를 주라 하신 그이가 나에게 말씀하시되 성령이 내려서 누구 위에든지 머무는 것을 보거든 그가 곧 성령으로 세례를 주는 이인 줄 알라 하셨기에.

행 2:38

베드로가 가로되 너희가 회개하여 각각 예수 그리스도의 이름으로 세례를 받고 죄 사함을 얻으라. 그리하면 성령을 선물로 받으리니.

롬 6:3-4

무릇 그리스도 예수와 합하여 세례를 받은 우리는 그의 죽으심과 합하여 세례 받은 줄을 알지 못하느뇨? [4]그러므로 우리가 그의 죽으심과 합하여 세례를 받음으로 그와 함께 장사되었나니 이는 아버지의 영광으로 말미암아 그리스도를 죽은 자 가운데서 살리심과 같이 우리로 또한 새 생명 가운데서 행하게 하려 함이니라.

벧전 3:21

물은 예수 그리스도의 부활하심으로 말미암아 이제 너희를 구원하는 표니 곧 세례라. 육체의 더러운 것을 제하여 버림이 아니요 오직 선한 양심이 하나님을 향하여 찾아가는 것이라.

3 **겔** 36:25

맑은 물로 너희에게 뿌려서 너희로 정결케 하되 곧 너희 모든 더러운 것에서와 모든 우상을 섬김에서 너희를 정결케 할 것이며.

슥 13:1

그날에 죄와 더러움을 씻는 샘이 다윗의 족속과 예루살렘 거민을 위하여 열리리라.

엡 1:7

우리가 그리스도 안에서 그의 은혜의 풍성함을 따라 그의 피로 말미암아 구속(救贖) 곧 죄 사함을 받았으니.

히 12:24

새 언약의 중보(中保)이신 예수와 및 아벨의 피보다 더 낫게 말하는 뿌린 피니라.

벧전 1:2

곧 하나님 아버지의 미리 아심을 따라 성령의 거룩하게 하심으로 순종함과 예수 그리스도의 피 뿌림을 얻기 위하여 택하심을 입은 자들에게 편지하노니 은혜와 평강이 너희에게 더욱 많을지어다.

계 1:5

또 충성된 증인으로 죽은 자들 가운데서 먼저 나시고 땅의 임금들의 머리가 되신 예수 그리스도로 말미암아 은혜와 평강이 너희에게 있기를 원하노라. 우리를 사랑하사 그의 피로 우리 죄에서 우리를 해방하시고.

계 7:14

내가 가로되 내 주여 당신이 알리이다 하니 그가 나더러 이르되 이는 큰 환난에서 나오는 자들인데 어린양의 피에 그 옷을 씻어 희게 하였느니라.

4 **겔** 36:26-27

또 새 영을 너희 속에 두고 새 마음을 너희에게 주되 너희 육신에서 굳은 마음을 제하고 부드러운 마음을 줄 것이며 [27]또 내 신을 너희 속에 두어 너희로 내 율례를 행하게 하리니 너희가 내 규례를 지켜 행할지라.

요 1:33

나도 그를 알지 못하였으나 나를 보내어 물로 세례를 주라 하신 그이가 나에게 말씀하시되 성령이 내려서 누구 위에든지 머무는 것을 보거든 그가 곧 성령으로 세례를 주는 이인 줄 알라 하셨기에.

요 3:5

예수께서 대답하시되 진실로 진실로 네게 이르노니 사람이 물과 성령으로 나지 아니하면 하나님 나라에 들어갈 수 없느니라.

롬 6:4

그러므로 우리가 그의 죽으심과 합하여 세례를 받음으로 그와 함께 장사되었나니 이는 아버지의 영광으로 말미암아 그리스도를 죽은 자 가운데서 살리심과 같이 우리로 또한 새 생명 가운데서 행하게 하려 함이니라.

고전 6:11

너희 중에 이와 같은 자들이 있더니 주 예수 그리스도의 이름과 우리 하나님의 성령 안에서 씻음과 거룩함과 의롭다 하심을 얻었느니라.

고전 12:13

우리가 유대인이나 헬라인이나 종이나 자유자나 다 한 성령으로 세례를 받아 한 몸이 되었고 또 다 한 성령을 마시게 하셨느니라.

골 2:11-12

또 그 안에서 너희가 손으로 하지 아니한 할례를 받았으니 곧 육적 몸을 벗는 것이요 그리스도의 할례니라. [12]너희가 세례로 그리스도와 함께 장사한 바 되고 또 죽은 자들 가운데서 그를 일으키신 하나님의 역사(役事)를 믿음으로 말미암아 그 안에서 함께 일으키심을 받았느니라.

제27주일

72문 : 세례의 물로 씻음이
곧 죄 씻음 자체입니까?

답 : 아닙니다.[1]
오직 예수 그리스도의 피와 성신만이
우리를 모든 죄에서 깨끗하게 합니다.[2]

73문 : 그러면 왜 성신께서는 세례를
"중생의 씻음"과 "죄를 씻음"이라 하셨습니까?

답 : 하나님께서 그렇게 말씀하신 데에는
중요한 이유가 있습니다.
하나님께서는
몸의 더러운 것이 물로 씻겨지듯이
우리의 죄가 그리스도의 피와 성신으로 없어짐을
우리에게 가르치려 하셨습니다.[3]
더 나아가서 우리의 죄가 영적으로 씻겨지는 것이
우리의 몸이 물로 씻겨지는 것처럼
매우 실제적임을
이러한 신적(神的) 약속과 표로써
우리에게 확신시키려 하셨습니다.[4]

74문 : 유아들도 세례를 받아야 합니까?

답 : 그렇습니다.
그것은 유아들도 어른들과 마찬가지로
하나님의 언약과 교회에 속하였고,[5]
또한 어른들 못지않게 유아들에게도

그리스도의 피에 의한 속죄와
믿음을 일으키시는 성신이
약속되었기 때문입니다.[6]
그러므로 유아들도
언약의 표인 세례를 통하여
그리스도의 교회에 연합되고
불신자의 자녀와 구별되어야 합니다.[7]
이런 일이
구약에서는
할례를 통하여 이루어졌으나[8]
신약에서는 그 대신
세례가 제정되었습니다.[9]

1 **마** 3:11
나는 너희로 회개케 하기 위하여 물로 세례를 주거니와 내 뒤에 오시는 이는 나보다 능력이 많으시니 나는 그의 신을 들기도 감당치 못하겠노라. 그는 성령과 불로 너희에게 세례를 주실 것이요.

엡 5:26
이는 곧 물로 씻어 말씀으로 깨끗하게 하사 거룩하게 하시고.

벧전 3:21
물은 예수 그리스도의 부활하심으로 말미암아 이제 너희를 구원하는 표니 곧 세례라. 육체의 더러운 것을 제하여 버림이 아니요 오직 선한 양심이 하나님을 향하여 찾아가는 것이라.

2 **고전** 6:11
너희 중에 이와 같은 자들이 있더니 주 예수 그리스도의 이름과 우리 하나님의 성령 안에서 씻음과 거룩함과 의롭다 하심을 얻었느니라.

요일 1:7
저가 빛 가운데 계신 것같이 우리도 빛 가운데 행하면 우리가 서로 사귐이 있고 그 아들 예수의 피가 우리를 모든 죄에서 깨끗하게 하실 것이요.

3 **고전** 6:11
너희 중에 이와 같은 자들이 있더니 주 예수 그리스도의 이름과 우리 하나님의 성령 안에서 씻음과 거룩함과 의롭다 하심을 얻었느니라.

요일 3:5
그가 우리 죄를 없이하려고 나타내신 바 된 것을 너희가 아나니 그에게는 죄가 없느니라.

요일 5:6-8
이는 물과 피로 임하신 자니 곧 예수 그리스도시라. 물로만 아니요 물과 피로 임하셨고 [7]증거하는 이는 성령이시니 성령은 진리니라. [8]증거하는 이가 셋이니 성령과 물과 피라. 또한 이 셋이 합하여 하나이니라.

계 1:5
또 충성된 증인으로 죽은 자들 가운데서 먼저 나시고 땅의 임금들의 머리가 되신 예수 그리스도로 말미암아 은혜와 평강이 너희에게 있기를 원하노라. 우리를 사랑하사 그의 피로 우리 죄에서 우리를 해방하시고.

계 7:14

내가 가로되 내 주여 당신이 알리이다 하니 그가 나더러 이르되 이는 큰 환난에서 나오는 자들인데 어린양의 피에 그 옷을 씻어 희게 하였느니라.

4 **막** 16:16

믿고 세례를 받는 사람은 구원을 얻을 것이요 믿지 않는 사람은 정죄를 받으리라.

행 2:38

베드로가 가로되 너희가 회개하여 각각 예수 그리스도의 이름으로 세례를 받고 죄 사함을 얻으라. 그리하면 성령을 선물로 받으리니.

갈 3:27

누구든지 그리스도와 합하여 세례를 받은 자는 그리스도로 옷 입었느니라.

5 **창** 17:7

내가 내 언약을 나와 너와 네 대대 후손의 사이에 세워서 영원한 언약을 삼고 너와 네 후손의 하나님이 되리라.

마 19:14

예수께서 가라사대 어린아이들을 용납하고 내게 오는 것을 금하지 말라. 천국이 이런 자의 것이니라 하시고.

6 **시** 22:10

내가 날 때부터 주께 맡긴 바 되었고 모태에서 나올 때부터 주는 내 하나님이 되셨사오니.

사 44:1-3

나의 종 야곱, 나의 택한 이스라엘아 이제 들으라. [2]너를 지으며 너를 모태에서 조성하고 너를 도와줄 여호와가 말하노라. 나의 종 야곱, 나의 택한 여수룬아 두려워 말라. [3]대저 내가 갈한 자에게 물을 주며 마른 땅에 시내가 흐르게 하며 나의 신을 네 자손에게, 나의 복을 네 후손에게 내리리니.

행 2:39

이 약속은 너희와 너희 자녀와 모든 먼 데 사람 곧 주 우리 하나님이 얼마든지 부르시는 자들에게 하신 것이라 하고.

행 16:31

가로되 주 예수를 믿으라. 그리하면 너와 네 집이 구원을 얻으리라 하고.

7 **행** 10:47

이에 베드로가 가로되 이 사람들이 우리와 같이 성령을 받았으니 누가 능히 물로 세례 줌을 금하리요 하고.

고전 7:14

믿지 아니하는 남편이 아내로 인하여 거룩하게 되고 믿지 아니하는 아내가 남편으로 인하여 거룩하게 되나니 그렇지 아니하면 너희 자녀도 깨끗지 못하니라. 그러나 이제 거룩하니라.

8 **창** 17:10, 14

너희 중 남자는 다 할례를 받으라. 이것이 나와 너희와 너희 후손 사이에 지킬 내 언약이니라. [14]할례를 받지 아니한 남자 곧 그 양피(陽皮)를 베지 아니한 자는 백성 중에서 끊어지리니 그가 내 언약을 배반하였음이니라.

9 **골** 2:11-12

또 그 안에서 너희가 손으로 하지 아니한 할례를 받았으니 곧 육적 몸을 벗는 것이요 그리스도의 할례니라. [12]너희가 세례로 그리스도와 함께 장사한 바 되고 또 죽은 자들 가운데서 그를 일으키신 하나님의 역사(役事)를 믿음으로 말미암아 그 안에서 함께 일으키심을 받았느니라.

성찬에 관하여

제28주일

75문 : 그리스도께서 십자가 위에서 이루신 단번의 제사와
그의 모든 공효(功效)에
당신이 참여함을
성찬에서 어떻게 깨닫고 확신합니까?

답 : 그리스도께서는 나와 모든 성도에게
그를 기념하여
이 뗀 떡을 먹고 이 잔을 마시라고 명령하시고
또한 이렇게 약속하셨습니다.[1]
첫째, 주님의 떡이 나를 위해 떼어지고
잔이 나에게 분배되는 것을
내 눈으로 보는 것처럼 확실히,
그의 몸은 나를 위해
십자가에서 드려지고 찢기셨으며
그의 피도 나를 위해
쏟으셨습니다.
둘째, 그리스도의 살과 피의 확실한 표로서
주님의 떡과 잔을
내가 목사의 손에서 받아
입으로 맛보는 것처럼 확실히,
주님께서는
십자가에 달리신 그의 몸과 흘리신 피로써
나의 영혼을 친히
영생에 이르도록 먹이시고 마시우실 것입니다.

76문 : 십자가에 달리신 그리스도의 몸을 먹고
그의 흘리신 피를 마신다는 것은 무슨 뜻입니까?

답 : 그것은 믿는 마음으로
그리스도의 모든 고난과 죽음을 받아들이고
이로써 죄 사함과 영원한 생명을 얻는 것이며,[2]
나아가서 그리스도 안에
또한 우리 안에 거하시는 성신으로 말미암아
우리가 그리스도의 거룩한 몸에
더욱더 연합됨을 의미합니다.[3]
비록 그리스도는 하늘에 계시고
우리는 땅에 있다 할지라도[4]
우리는 "그의 살 중의 살이요
그의 뼈 중의 뼈"이며,[5]
마치 우리 몸의 지체(肢體)들이 한 영혼에 의해 살고
다스림을 받는 것처럼,
우리도 한 성신에 의해서 영원히 살고
다스림을 받습니다.[6]

77문 : 믿는 자들이 이 뗀 떡을 먹고
이 잔을 마시는 것처럼 확실히,
그리스도께서 그들을
그의 몸과 피로 먹이고 마시우겠다는 약속을
어디에서 하셨습니까?

답 : 성찬을 제정하실 때 이렇게 말씀하셨습니다.[7]
"주 예수께서 잡히시던 밤에
떡을 가지사 축사하시고 떼어 가라사대
이것은 너희를 위하는 내 몸이니

이것을 행하여 나를 기념하라 하시고,
식후에 또한 이와 같이 잔을 가지시고 가라사대
이 잔은 내 피로 세운 새 언약이니
이것을 행하여 마실 때마다
나를 기념하라 하셨으니
너희가 이 떡을 먹고 이 잔을 마실 때마다
주의 죽으심을
오실 때까지 전하는 것이니라"(고전 11:23-26).
바울 사도는 거듭 이 약속의 말씀을 하였습니다.
"우리가 축복하는 바 축복의 잔은
그리스도의 피에 참여함이 아니며
우리가 떼는 떡은
그리스도의 몸에 참여함이 아니냐?
떡이 하나요 많은 우리가 한 몸이니
이는 우리가 다 한 떡에 참여함이라"(고전 10:16-17).

1 **마** **26:26-28**

저희가 먹을 때에 예수께서 떡을 가지사 축복하시고 떼어 제자들을 주시며 가라사대 받아 먹으라. 이것이 내 몸이니라 하시고 [27]또 잔을 가지사 사례하시고 저희에게 주시며 가라사대 너희가 다 이것을 마시라. [28]이것은 죄 사함을 얻게 하려고 많은 사람을 위하여 흘리는 바 나의 피 곧 언약의 피니라.

막 **14:22-24**

저희가 먹을 때에 예수께서 떡을 가지사 축복하시고 떼어 제자들에게 주시며 가라사대 받으라. 이것이 내 몸이니라 하시고 [23]또 잔을 가지사 사례하시고 저희에게 주시니 다 이를 마시매 [24]가라사대 이것은 많은 사람을 위하여 흘리는 바 나의 피 곧 언약의 피니라.

눅 **22:19-20**

또 떡을 가져 사례하시고 떼어 저희에게 주시며 가라사대 이것은 너희를 위하여 주는 내 몸이라. 너희가 이를 행하여 나를 기념하라 하시고 [20]저녁 먹은 후에 잔도 이와 같이 하여 가라사대 이 잔은 내 피로 세우는 새 언약이니 곧 너희를 위하여 붓는 것이라.

고전 **10:16-17**

우리가 축복하는 바 축복의 잔은 그리스도의 피에 참예함이 아니며 우리가 떼는 떡은 그리스도의 몸에 참예함이 아니냐? [17]떡이 하나요 많은 우리가 한 몸이니 이는 우리가 다 한 떡에 참예함이라.

고전 **11:23-25**

내가 너희에게 전한 것은 주께 받은 것이니 곧 주 예수께서 잡히시던 밤에 떡을 가지사 [24]축사하시고 떼어 가라사대 이것은 너희를 위하는 내 몸이니 이것을 행하여 나를 기념하라 하시고 [25]식후에 또한 이와 같이 잔을 가지시고 가라사대 이 잔은 내 피로 세운 새 언약이니 이것을 행하여 마실 때마다 나를 기념하라 하셨으니.

2 **요 6:35, 40, 47-54**

예수께서 가라사대 내가 곧 생명의 떡이니 내게 오는 자는 결코 주리지 아니할 터이요 나를 믿는 자는 영원히 목마르지 아니하리라. [40]내 아버지의 뜻은 아들을 보고 믿는 자마다 영생을 얻는 이것이니 마지막 날에 내가 이를 다시 살리리라 하시니라. [47]진실로 진실로 너희에게 이르노니 믿는 자는 영생을 가졌나니 [48]내가 곧 생명의 떡이로라. [49]너희 조상들은 광야에서 만나를 먹었어도 죽었거니와 [50]이는 하늘로서 내려오는 떡이니 사람으로 하여금 먹고 죽지 아니하게 하는 것이니라. [51]나는 하늘로서 내려온 산 떡이니 사람이 이 떡을 먹으면 영생하리라. 나의 줄 떡은 곧 세상의 생명을 위한 내 살이로라 하시니라. [52]이러므로 유대인들이 서로 다투어 가로되 이 사람이 어찌 능히 제 살을 우리에게 주어 먹게 하겠느냐? [53]예수께서 이르시되 내가 진실로 진실로 너희에게 이르노니 인자의 살을 먹지 아니하고 인자의 피를 마시지 아니하면 너희 속에 생명이 없느니라. [54]내 살을 먹고 내 피를 마시는 자는 영생을 가졌고 마지막 날에 내가 그를 다시 살리리니.

3 **요 6:55-56**

내 살은 참된 양식이요 내 피는 참된 음료로다. [56]내 살을 먹고 내 피를 마시는 자는 내 안에 거하고 나도 그 안에 거하나니.

고전 12:13

우리가 유대인이나 헬라인이나 종이나 자유자나 다 한 성령으로 세례를 받아 한 몸이 되었고 또 다 한 성령을 마시게 하셨느니라.

4 **행 1:9, 11**

이 말씀을 마치시고 저희 보는 데서 올리워 가시니 구름이 저를 가리워 보이지 않게 하더라. [11]가로되 갈릴리 사람들아 어찌하여 서서 하늘을 쳐다보느냐? 너희 가운데서 하늘로 올리우신 이 예수는 하늘로 가심을 본 그대로 오시리라 하였느니라.

행 3:21

하나님이 영원 전부터 거룩한 선지자의 입을 의탁하여 말씀하신 바 만유를 회복하실 때까지는 하늘이 마땅히 그를 받아 두리라.

고전 11:26

너희가 이 떡을 먹으며 이 잔을 마실 때마다 주의 죽으심을 오실 때까지 전하는 것이니라.

골 3:1

그러므로 너희가 그리스도와 함께 다시 살리심을 받았으면 위엣 것을 찾으라. 거기는 그리스도께서 하나님 우편에 앉아 계시느니라.

5 **창 2:23**

아담이 가로되 이는 내 뼈 중의 뼈요 살 중의 살이라. 이것을 남자에게서 취하였은즉 여자라 칭하리라 하니라.

요 14:23

예수께서 대답하여 가라사대 사람이 나를 사랑하면 내 말을 지키리니 내 아버지께서 저를 사랑하실 것이요 우리가 저에게 와서 거처를 저와 함께하리라.

고전 6:15, 17, 19

너희 몸이 그리스도의 지체(肢體)인 줄을 알지 못하느냐? 내가 그리스도의 지체를 가지고 창기(娼妓)의 지체를 만들겠느냐? 결코 그럴 수 없느니라. [17]주와 합하는 자는 한 영이니라. [19]너희 몸은 너희가 하나님께로부터 받은 바 너희 가운데 계신 성령의 전(殿)인 줄을 알지 못하느냐? 너희는 너희의 것이 아니라.

엡 3:16-17

그 영광의 풍성을 따라 그의 성령으로 말미암아 너희 속사람을 능력으로 강건하게 하옵시며 [17]믿음으로 말미암아 그리스도께서 너희 마음에 계시게 하옵시고 너희가 사랑 가운데서 뿌리가 박히고 터가 굳어져서.

엡 5:29-30

누구든지 언제든지 제 육체를 미워하지 않고 오직 양육하여 보호하기를 그리스도께서 교회를 보양함과 같이 하나니 [30]우리는 그 몸의 지체(肢體)임이니라.

요일 4:13

그의 성령을 우리에게 주시므로 우리가 그 안에 거하고 그가 우리 안에 거하시는 줄을 아느니라.

6 **요** 6:57

살아 계신 아버지께서 나를 보내시매 내가 아버지로 인하여 사는 것같이 나를 먹는 그 사람도 나로 인하여 살리라.

요 15:1-6

내가 참 포도나무요 내 아버지는 그 농부라. [2]무릇 내게 있어 과실을 맺지 아니하는 가지는 아버지께서 이를 제해 버리시고 무릇 과실을 맺는 가지는 더 과실을 맺게 하려 하여 이를 깨끗케 하시느니라. [3]너희는 내가 일러 준 말로 이미 깨끗하였으니 [4]내 안에 거하라. 나도 너희 안에 거하리라. 가지가 포도나무에 붙어 있지 아니하면 절로 과실을 맺을 수 없음같이 너희도 내 안에 있지 아니하면 그러하리라. [5]나는 포도나무요 너희는 가지니 저가 내 안에, 내가 저 안에 있으면 이 사람은 과실을 많이 맺나니 나를 떠나서는 너희가 아무것도 할 수 없음이라. [6]사람이 내 안에 거하지 아니하면 가지처럼 밖에 버리워 말라지나니 사람들이 이것을 모아다가 불에 던져 사르느니라.

엡 4:15-16

오직 사랑 안에서 참된 것을 하여 범사에 그에게까지 자랄지라. 그는 머리니 곧 그리스도라. [16]그에게서 온 몸이 각 마디를 통하여 도움을 입음으로 연락(聯絡)하고 상합(相合)하여 각 지체(肢體)의 분량대로 역사(役事)하여 그 몸을 자라게 하며 사랑 안에서 스스로 세우느니라.

요일 3:24

그의 계명들을 지키는 자는 주 안에 거하고 주는 저 안에 거하시나니 우리에게 주신 성령으로 말미암아 그가 우리 안에 거하시는 줄을 우리가 아느니라.

7 **마** 26:26-28

저희가 먹을 때에 예수께서 떡을 가지사 축복하시고 떼어 제자들을 주시며 가라사대 받아 먹으라. 이것이 내 몸이니라 하시고 [27]또 잔을 가지사 사례하시고 저희에게 주시며 가라사대 너희가 다 이것을 마시라. [28]이것은 죄 사함을 얻게 하려고 많은 사람을 위하여 흘리는 바 나의 피 곧 언약의 피니라.

막 14:22-24

저희가 먹을 때에 예수께서 떡을 가지사 축복하시고 떼어 제자들에게 주시며 가라사대 받으라. 이것이 내 몸이니라 하시고 [23]또 잔을 가지사 사례하시고 저희에게 주시니 이를 다 마시매 [24]가라사대 이것은 많은 사람을 위하여 흘리는 바 나의 피 곧 언약의 피니라.

눅 22:19-20

또 떡을 가져 사례하시고 떼어 저희에게 주시며 가라사대 이것은 너희를 위하여 주는 내 몸이라 너희가 이를 행하여 나를 기념하라 하시고 [20]저녁 먹은 후에 잔도 이와 같이 하여 가라사대 이 잔은 내 피로 세우는 새 언약이니 곧 너희를 위하여 붓는 것이라.

제29주일

78문 : 떡과 포도주가
그리스도의 실제 몸과 피로 변합니까?

답 : 아닙니다.
세례의 물이
그리스도의 피로 변하는 것도 아니고
죄 씻음 자체도 아니며
단지 하나님께서 주신 표와 확증인 것처럼,[1]
주의 만찬의 떡도
그리스도의 실제 몸으로 변하는 것은 아닙니다.[2]
성찬의 떡을 그리스도의 몸이라고 하는 것은[3]
성례의 본질을 나타내는 성례적 용어입니다.[4]

79문 : 그렇다면 왜 그리스도는 떡을 그의 몸이라고 하시고,
잔을 그의 피
혹은 그의 피로 세우는 새 언약이라고 말씀하십니까?
또한 바울 사도도 왜
그리스도의 몸과 피에 참여하는 것에 대해 말합니까?

답 : 그리스도께서 그렇게 말씀하신 데에는
중요한 이유가 있습니다.
마치 떡과 포도주가
육신의 생명을 유지시키듯이,
십자가에 달리신 그의 몸과 흘리신 피가
우리 영혼을 영생으로 이끄는
참된 양식과 음료라는 사실을
가르치려 하셨습니다.[5]

더 나아가서 그리스도께서는
눈으로 볼 수 있는 이러한 표와 보증으로써
우리에게 다음을 확신시키려 하셨습니다.
첫째, 우리가 그리스도를 기념하면서
이 거룩한 표들을
육신의 입으로 받아 먹는 것처럼 실제로,
성신의 역사(役事)에 의해
우리가 그의 참된 몸과 피에 참여합니다.[6]
둘째, 그리스도의 모든 고난과 순종이
확실하게 우리의 것이 되어,
마치 우리 자신이 직접 모든 고난을 당하고
우리의 죗값을 하나님께 치른 것과 같습니다.[7]

1 **엡** 5:26

이는 곧 물로 씻어 말씀으로 깨끗하게 하사 거룩하게 하시고.

딛 3:5

우리를 구원하시되 우리의 행한 바 의로운 행위로 말미암지 아니하고 오직 그의 긍휼하심을 좇아 중생의 씻음과 성령의 새롭게 하심으로 하셨나니.

2 **마** 26:26-29

저희가 먹을 때에 예수께서 떡을 가지사 축복하시고 떼어 제자들을 주시며 가라사대 받아 먹으라. 이것이 내 몸이니라 하시고 [27]또 잔을 가지사 사례하시고 저희에게 주시며 가라사대 너희가 다 이것을 마시라. [28]이것은 죄 사함을 얻게 하려고 많은 사람을 위하여 흘리는 바 나의 피 곧 언약의 피니라. [29]그러나 너희에게 이르노니 내가 포도나무에서 난 것을 이제부터 내 아버지의 나라에서 새 것으로 너희와 함께 마시는 날까지 마시지 아니하리라 하시니라.

3 **고전** 10:16

우리가 축복하는 바 축복의 잔은 그리스도의 피에 참예함이 아니며 우리가 떼는 떡은 그리스도의 몸에 참예함이 아니냐?

고전 11:26

너희가 이 떡을 먹으며 이 잔을 마실 때마다 주의 죽으심을 오실 때까지 전하는 것이니라.

4 **창** 17:10-11

너희 중 남자는 다 할례를 받으라. 이것이 나와 너희와 너희 후손 사이에 지킬 내 언약이니라. [11]너희는 양피(陽皮)를 베어라. 이것이 나와 너희 사이의 언약의 표징이니라.

출 12:11, 13, 26-27

너희는 그것을 이렇게 먹을지니 허리에 띠를 띠고 발에 신을 신고 손에 지팡이를 잡고 급히 먹으라. 이것이 여호와의 유월절이니라. [13]내가 애굽 땅을 칠 때에 그 피가 너희의 거하는 집에 있어서 너희를 위하여 표적(表蹟)이 될지라. 내가 피를 볼 때에 너희를 넘어가리니 재앙이 너희에게 내려 멸하지 아니하리라. [26]이후에 너희 자

너가 묻기를 이 예식이 무슨 뜻이냐 하거든 [27]너희는 이르기를 이는 여호와의 유월절 제사라. 여호와께서 애굽 사람을 치실 때에 애굽에 있는 이스라엘 자손의 집을 넘으사 우리의 집을 구원하셨느니라 하라 하매 백성이 머리 숙여 경배하니라.

출 13:9

이것으로 네 손의 기호와 네 미간의 표를 삼고 여호와의 율법으로 네 입에 있게 하라. 이는 여호와께서 능하신 손으로 너를 애굽에서 인도하여 내셨음이니.

출 24:8

모세가 그 피를 취하여 백성에게 뿌려 가로되 이는 여호와께서 이 모든 말씀에 대하여 너희와 세우신 언약의 피니라.

행 22:16

이제는 왜 주저하느뇨? 일어나 주의 이름을 불러 세례를 받고 너의 죄를 씻으라 하더라.

고전 10:1-4

형제들아 너희가 알지 못하기를 내가 원치 아니하노니 우리 조상들이 다 구름 아래 있고 바다 가운데로 지나며 [2]모세에게 속하여 다 구름과 바다에서 세례를 받고 [3]다 같은 신령한 식물을 먹으며 [4]다 같은 신령한 음료를 마셨으니 이는 저희를 따르는 신령한 반석으로부터 마셨으매 그 반석은 곧 그리스도시라.

벧전 3:21

물은 예수 그리스도의 부활하심으로 말미암아 이제 너희를 구원하는 표니 곧 세례라. 육체의 더러운 것을 제하여 버림이 아니요 오직 선한 양심이 하나님을 향하여 찾아가는 것이라.

5 **요** 6:51, 53-55

나는 하늘로서 내려온 산 떡이니 사람이 이 떡을 먹으면 영생하리라. 나의 줄 떡은 곧 세상의 생명을 위한 내 살이로라 하시니라. [53]예수께서 이르시되 내가 진실로 진실로 너희에게 이르노니 인자의 살을 먹지 아니하고 인자의 피를 마시지 아니하면 너희 속에 생명이 없느니라. [54]내 살을 먹고 내 피를 마시는 자는 영생을 가졌고 마지막 날에 내가 그를 다시 살리리니 [55]내 살은 참된 양식이요 내 피는 참된 음료로다.

6 **고전** 10:16

우리가 축복하는 바 축복의 잔은 그리스도의 피에 참예함이 아니며 우리가 떼는 떡은 그리스도의 몸에 참예함이 아니냐?

7 **롬** 6:5-6, 8-9

만일 우리가 그의 죽으심을 본받아 연합한 자가 되었으면 또한 그의 부활을 본받아 연합한 자가 되리라. [6]우리가 알거니와 우리 옛사람이 예수와 함께 십자가에 못 박힌 것은 죄의 몸이 멸하여 다시는 우리가 죄에게 종노릇하지 아니하려 함이니 [8]만일 우리가 그리스도와 함께 죽었으면 또한 그와 함께 살 줄을 믿노니 [9]이는 그리스도께서 죽은 자 가운데서 사셨으매 다시 죽지 아니하시고 사망이 다시 그를 주장(主掌)하지 못할 줄을 앎이로라.

고후 5:14

그리스도의 사랑이 우리를 강권하시는도다. 우리가 생각건대 한 사람이 모든 사람을 대신하여 죽었은즉 모든 사람이 죽은 것이라.

제30주일

80문 : 주의 만찬과 로마 교회의 미사는 어떻게 다릅니까?

답 : 주의 만찬은
첫째, 예수 그리스도께서 친히
십자가 위에서 단번에 이루신
유일의 제사에 의해
우리의 모든 죄가
완전히 사해졌음을 확증합니다.[1]
둘째, 성신에 의해
우리는 그리스도에게 연합되었으며,[2]
그의 참된 몸은 지금 하늘에 있고
하나님 우편에서[3]
우리의 경배를 받으심을 확증합니다.[4]
그러나 미사는
첫째, 그리스도가 산 자들이나 죽은 자들을 위해서
사제들에 의해
지금도 매일 드려지지 않으면,
그리스도의 고난에 의해서는
그들이 죄 사함을 받지 못한다고 가르칩니다.
둘째, 그리스도는
떡과 포도주의 형체 속에서
몸으로 존재하기 때문에
그 속에서 경배를 받아야 한다고 가르칩니다.
그러므로 미사라는 것은 근본적으로
예수 그리스도의 단번의 제사와 고난을

부인하는 것이며
저주받을 우상 숭배입니다.[5]

81문 : 누가 주의 상에 참여할 수 있습니까?

답 : 자기의 죄 때문에
자신에 대해 참으로 슬퍼하는 사람,
그러나 그리스도의 고난과 죽음에 의해
자기의 죄가 사하여지고
남아 있는 연약성도 가려졌음을 믿는 사람,
또한 자신의 믿음이 더욱 강하여지고
돌이킨 삶을 살기를 간절히 소원하는 사람이
참여할 것입니다.
그러나 외식(外飾)하거나
회개하지 않는 사람이 참여하는 것은
자기가 받을 심판을 먹고 마시는 것입니다.[6]

82문 : 자신의 고백과 생활에서
믿지 않음과 경건치 않음을 드러내는 자에게도
이 성찬이 허용됩니까?

답 : 아닙니다.
그렇게 되면 하나님의 언약이 더럽혀져서
하나님의 진노가 모든 회중에게 내릴 것입니다.[7]
그러므로 그리스도와 그의 사도들의 명령에 따라,
그리스도의 교회는
천국의 열쇠를 사용하여
그러한 자들이 생활을 돌이킬 때까지
성찬에서 제외시킬 의무가 있습니다.

1 **마 26:28**

이것은 죄 사함을 얻게 하려고 많은 사람을 위하여 흘리는 바 나의 피 곧 언약의 피니라.

눅 22:19-20

또 떡을 가져 사례하시고 떼어 저희에게 주시며 가라사대 이것은 너희를 위하여 주는 내 몸이라. 너희가 이를 행하여 나를 기념하라 하시고 [20]저녁 먹은 후에 잔도 이와 같이 하여 가라사대 이 잔은 내 피로 세우는 새 언약이니 곧 너희를 위하여 붓는 것이라.

요 19:30

예수께서 신 포도주를 받으신 후 가라사대 다 이루었다 하시고 머리를 숙이시고 영혼이 돌아가시니라.

히 7:26-27

이러한 대제사장은 우리에게 합당하니 거룩하고 악이 없고 더러움이 없고 죄인에게서 떠나 계시고 하늘보다 높이 되신 자라. [27]저가 저 대제사장들이 먼저 자기 죄를 위하고 다음에 백성의 죄를 위하여 날마다 제사드리는 것과 같이 할 필요가 없으니 이는 저가 단번에 자기를 드려 이루셨음이니라.

히 9:12, 25-28

염소와 송아지의 피로 아니하고 오직 자기 피로 영원한 속죄를 이루사 단번에 성소에 들어가셨느니라. [25]대제사장이 해마다 다른 것의 피로써 성소에 들어가는 것같이 자주 자기를 드리려고 아니하실지니 [26]그리하면 그가 세상을 창조할 때부터 자주 고난을 받았어야 할 것이로되 이제 자기를 단번에 제사로 드려 죄를 없게 하시려고 세상 끝에 나타나셨느니라. [27]한 번 죽는 것은 사람에게 정하신 것이요 그 후에는 심판이 있으리니 [28]이와 같이 그리스도도 많은 사람의 죄를 담당하시려고 단번에 드리신 바 되셨고 구원에 이르게 하기 위하여 죄와 상관없이 자기를 바라는 자들에게 두 번째 나타나시리라.

히 10:10, 12, 14

이 뜻을 좇아 예수 그리스도의 몸을 단번에 드리심으로 말미암아 우리가 거룩함을 얻었노라. [12]오직 그리스도는 죄를 위하여 한 영원한 제사를 드리시고 하나님 우편에 앉으사 [14]저가 한 제물로 거룩하게 된 자들을 영원히 온전케 하셨느니라.

2 **고전 6:17**

주와 합하는 자는 한 영이니라.

고전 10:16-17

우리가 축복하는 바 축복의 잔은 그리스도의 피에 참예함이 아니며 우리가 떼는 떡은 그리스도의 몸에 참예함이 아니냐? [17]떡이 하나요 많은 우리가 한 몸이니 이는 우리가 다 한 떡에 참예함이라.

3 **시 110:1**

여호와께서 내 주에게 말씀하시기를 내가 네 원수로 네 발등상 되게 하기까지 너는 내 우편에 앉으라 하셨도다.

막 16:19

주 예수께서 말씀을 마치신 후에 하늘로 올리우사 하나님 우편에 앉으시니라.

골 3:1

그러므로 너희가 그리스도와 함께 다시 살리심을 받았으면 위엣 것을 찾으라. 거기는 그리스도께서 하나님 우편에 앉아 계시느니라.

히 1:3

이는 하나님의 영광의 광채시요 그 본체의 형상이시라. 그의 능력의 말씀으로 만물을 붙드시며 죄를 정결케 하는 일을 하시고 높은 곳에 계신 위엄의 우편에 앉으셨느니라.

히 8:1-2

이제 하는 말의 중요한 것은 이러한 대제사장이 우리에게 있는 것이라. 그가 하늘에서 위엄의 보좌 우편에 앉으셨으니 [2]성소와 참 장막에 부리는 자라. 이 장막은 주께서 베푸신 것이요 사람이 한 것이 아니니라.

4 **요 4:23-24**

아버지께 참으로 예배하는 자들은 신령과 진정으로 예배할 때가 오나니 곧 이때라. 아버지께서는 이렇게 자기에게 예배하는 자들을 찾으시느니라. [24]하나님은 영이시니 예배하는 자가 신령과 진정으로 예배할지니라.

행 7:55-56

스데반이 성령이 충만하여 하늘을 우러러 주목하여 하나님의 영광과 및 예수께서 하나님 우편에 서신 것을 보고 [56]말하되 보라 하늘이 열리고 인자가 하나님 우편에 서신 것을 보노라 한대.

빌 3:20

오직 우리의 시민권은 하늘에 있는지라. 거기로서 구원하는 자 곧 주 예수 그리스도를 기다리노니.

살전 1:10

또 죽은 자들 가운데서 다시 살리신 그의 아들이 하늘로부터 강림하심을 기다린다고 말하니 이는 장래 노하심에서 우리를 건지시는 예수시니라.

5 **히** 9:26

그리하면 그가 세상을 창조할 때부터 자주 고난을 받았어야 할 것이로되 이제 자기를 단번에 제사로 드려 죄를 없게 하시려고 세상 끝에 나타나셨느니라.

히 10:12, 14

오직 그리스도는 죄를 위하여 한 영원한 제사를 드리시고 하나님 우편에 앉으사 [14]저가 한 제물로 거룩하게 된 자들을 영원히 온전케 하셨느니라.

6 **고전** 10:19-22

그런즉 내가 무엇을 말하느뇨? 우상의 제물은 무엇이며 우상은 무엇이라 하느뇨? [20]대저 이방인의 제사하는 것은 귀신에게 하는 것이요 하나님께 제사하는 것이 아니니 나는 너희가 귀신과 교제하는 자 되기를 원치 아니하노라. [21]너희가 주의 잔과 귀신의 잔을 겸하여 마시지 못하고 주의 상과 귀신의 상에 겸하여 참예치 못하리라. [22]그러면 우리가 주를 노여워하시게 하겠느냐? 우리가 주보다 강한 자냐?

고전 11:28-29

사람이 자기를 살피고 그 후에야 이 떡을 먹고 이 잔을 마실지니 [29]주의 몸을 분변치 못하고 먹고 마시는 자는 자기의 죄를 먹고 마시는 것이니라.

7 **시** 50:16

악인에게는 하나님이 이르시되 네가 어찌 내 율례를 전하며 내 언약을 네 입에 두느냐?

사 1:11-15

여호와께서 말씀하시되 너희의 무수한 제물이 내게 무엇이 유익하뇨? 나는 수양의 번제와 살진 짐승의 기름에 배불렀고 나는 수송아지나 어린양이나 수염소의 피를 기뻐하지 아니하노라. [12]너희가 내 앞에 보이러 오니 그것을 누가 너희에게 요구하였느뇨? 내 마당만 밟을 뿐이니라. [13]헛된 제물을 다시 가져오지 말라. 분향은 나의 가증히 여기는 바요 월삭과 안식일과 대회로 모이는 것도 그러하니 성회와 아울러 악을 행하는 것을 내가 견디지 못하겠노라. [14]내 마음이 너희의 월삭과 정한 절기를 싫어하나니 그것이 내게 무거운 짐이라. 내가 지기에 곤비하였느니라. [15]너희가 손을 펼 때에 내가 눈을 가리우고 너희가 많이 기도할지라도 내가 듣지 아니하리니 이는 너희의 손에 피가 가득함이니라.

사 66:3

소를 잡아 드리는 것은 살인함과 다름이 없고 어린양으로 제사드리는 것은 개의 목을 꺾음과 다름이 없으며 드리는 예물은 돼지의 피와 다름이 없고 분향하는 것은 우상을 찬송함과 다름이 없이 하는 그들은 자기의 길을 택하며 그들의 마음은 가증한 것을 기뻐한즉.

렘 7:21-23

만군의 여호와 이스라엘의 하나님이 이같이 말씀하시되 너희 희생에 번제물을 아울러 그 고기를 먹으라. [22]대저 내가 너희 열조를 애굽 땅에서 인도하여 낸 날에 번제나 희생에 대하여 말하지 아니하며 명하지 아니하고 [23]오직 내가 이것으로 그들에게 명하여 이르기를 너희는 내 목소리를 들으라. 그리하면 나는 너희 하나님이 되겠고 너희는 내 백성이 되리라. 너희는 나의 명한 모든 길로 행하라. 그리하면 복을 받으리라 하였으나.

고전 11:20, 27-34

그런즉 너희가 함께 모여서 주의 만찬을 먹을 수 없으니 27그러므로 누구든지 주의 떡이나 잔을 합당치 않게 먹고 마시는 자는 주의 몸과 피를 범하는 죄가 있느니라. 28사람이 자기를 살피고 그 후에야 이 떡을 먹고 이 잔을 마실지니 29주의 몸을 분변치 못하고 먹고 마시는 자는 자기의 죄를 먹고 마시는 것이니라. 30이러므로 너희 중에 약한 자와 병든 자가 많고 잠자는 자도 적지 아니하니 31우리가 우리를 살폈으면 판단을 받지 아니하려니와 32우리가 판단을 받는 것은 주께 징계를 받는 것이니 이는 우리로 세상과 함께 죄 정함을 받지 않게 하려 하심이라. 33그런즉 내 형제들아 먹으러 모일 때에 서로 기다리라. 34만일 누구든지 시장하거든 집에서 먹을지니 이는 너희의 판단받는 모임이 되지 않게 하려 함이라.

제31주일

83문 : 천국의 열쇠는 무엇입니까?

답 : 거룩한 복음의 강설과 교회의 권징인데,
이 두 가지를 통하여
믿는 자에게는 천국이 열리고
믿지 않는 자에게는 닫힙니다.[1]

84문 : 거룩한 복음의 강설을 통하여
어떻게 천국이 열리고 닫힙니까?

답 : 그리스도의 명령에 따라,
하나님께서 그리스도의 공로 때문에
사람들이 참된 믿음으로
복음의 약속을 받아들일 때마다
참으로 그들의 모든 죄를 사하신다는 사실이
신자들 전체나 개개인에게
선포되고 공적(公的)으로 증언될 때,
천국이 열립니다.
반대로 그들이 돌이키지 않는 한
하나님의 진노와 영원한 정죄가
그들 위에 머문다는 사실이
모든 믿지 않는 자와 외식(外飾)하는 자에게
선포되고 공적으로 증언될 때,
천국이 닫힙니다.
이러한 복음의 증언에 따라서
하나님께서는
이 세상에서와 장차 올 세상에서
심판하실 것입니다.[2]

85문 : 교회의 권징을 통해서
어떻게 천국이 닫히고 열립니까?

답 : 그리스도의 명령에 따라,
그리스도인의 이름을 가진 자가
교리나 생활에서 그리스도인답지 않을 경우,
먼저 형제로서 거듭 권고할 것입니다.
그렇지만 자신의 오류나 악행에서
돌이키기를 거부한다면,
그 사실을 교회
곧 치리회(治理會)에 보고해야 합니다.
그들이 교회의 권고를 듣고도 돌이키지 않으면,
성례에 참여함을 금하여
성도의 사귐 밖에 두어야 하며,
하나님께서도 친히 그들을
그리스도의 나라에서 제외시킬 것입니다.[3]
그러나 그들이 참으로 돌이키기를
약속하고 증명한다면,
그들을 그리스도의 지체(肢體)와 교회의 회원으로
다시 받아들입니다.[4]

1 **마 16:18-19**

또 내가 네게 이르노니 너는 베드로라. 내가 이 반석 위에 내 교회를 세우리니 음부(陰府)의 권세가 이기지 못하리라. [19]내가 천국 열쇠를 네게 주리니 네가 땅에서 무엇이든지 매면 하늘에서도 매일 것이요 네가 땅에서 무엇이든지 풀면 하늘에서도 풀리리라 하시고.

마 18:15-18

네 형제가 죄를 범하거든 가서 너와 그 사람과만 상대하여 권고하라. 만일 들으면 네가 네 형제를 얻은 것이요 [16]만일 듣지 않거든 한두 사람을 데리고 가서 두세 증인의 입으로 말마다 증참(證參)케 하라. [17]만일 그들의 말도 듣지 않거든 교회에 말하고 교회의 말도 듣지 않거든 이방인과 세리와 같이 여기라. [18]진실로 너희에게 이르노니 무엇이든지 너희가 땅에서 매면 하늘에서도 매일 것이요 무엇이든지 땅에서 풀면 하늘에서도 풀리리라.

2 **마 16:19**

내가 천국 열쇠를 네게 주리니 네가 땅에서 무엇이든지 매면 하늘에서도 매일 것이요 네가 땅에서 무엇이든지 풀면 하늘에서도 풀리리라 하시고.

요 3:34-36

하나님의 보내신 이는 하나님의 말씀을 하나니 이는 하나님이 성령을 한량없이 주심이니라. 35아버지께서 아들을 사랑하사 만물을 다 그 손에 주셨으니 36아들을 믿는 자는 영생이 있고 아들을 순종치 아니하는 자는 영생을 보지 못하고 도리어 하나님의 진노가 그 위에 머물러 있느니라.

요 20:21-23

예수께서 또 가라사대 너희에게 평강이 있을지어다. 아버지께서 나를 보내신 것같이 나도 너희를 보내노라. 22이 말씀을 하시고 저희를 향하사 숨을 내쉬며 가라사대 성령을 받으라. 23너희가 뉘 죄든지 사하면 사하여질 것이요 뉘 죄든지 그대로 두면 그대로 있으리라 하시니라.

3 **마 18:15-18**

네 형제가 죄를 범하거든 가서 너와 그 사람과만 상대하여 권고하라. 만일 들으면 네가 네 형제를 얻은 것이요 16만일 듣지 않거든 한두 사람을 데리고 가서 두세 증인의 입으로 말마다 증참(證參)케 하라. 17만일 그들의 말도 듣지 않거든 교회에 말하고 교회의 말도 듣지 않거든 이방인과 세리와 같이 여기라. 18진실로 너희에게 이르노니 무엇이든지 너희가 땅에서 매면 하늘에서도 매일 것이요 무엇이든지 땅에서 풀면 하늘에서도 풀리리라.

고전 5:3-5, 11

내가 실로 몸으로는 떠나 있으나 영으로는 함께 있어서 거기 있는 것같이 이 일 행한 자를 이미 판단하였노라. 4주 예수의 이름으로 너희가 내 영과 함께 모여서 우리 주 예수의 능력으로 5이런 자를 사단에게 내어 주었으니 이는 육신은 멸하고 영은 주 예수의 날에 구원 얻게 하려 함이라. 11이제 내가 너희에게 쓴 것은 만일 어떤 형제라 일컫는 자가 음행하거나 탐람(貪婪)하거나 우상숭배를 하거나 후욕(詬辱)하거나 술 취하거나 토색(討索)하거든 사귀지도 말고 그런 자와는 함께 먹지도 말라 함이라.

살후 3:14-15

누가 이 편지에 한 우리 말을 순종치 아니하거든 그 사람을 지목하여 사귀지 말고 저로 하여금 부끄럽게 하라. 15그러나 원수와 같이 생각지 말고 형제같이 권하라.

딤전 5:20

범죄한 자들을 모든 사람 앞에 꾸짖어 나머지 사람으로 두려워하게 하라.

요이 10-11

누구든지 이 교훈을 가지지 않고 너희에게 나아가거든 그를 집에 들이지도 말고 인사도 말라. 11그에게 인사하는 자는 그 악한 일에 참예하는 자임이니라.

4 **눅 15:20-24**

이에 일어나서 아버지께로 돌아가니라. 아직도 상거(相距)가 먼데 아버지가 저를 보고 측은히 여겨 달려가 목을 안고 입을 맞추니 21아들이 가로되 아버지여 내가 하늘과 아버지께 죄를 얻었사오니 지금부터는 아버지의 아들이라 일컬음을 감당치 못하겠나이다 하나 22아버지는 종들에게 이르되 제일 좋은 옷을 내어다가 입히고 손에 가락지를 끼우고 발에 신을 신기라. 23그리고 살진 송아지를 끌어다가 잡으라. 우리가 먹고 즐기자. 24이 내 아들은 죽었다가 다시 살아났으며 내가 잃었다가 다시 얻었노라 하니 저희가 즐거워하더라.

고후 2:6-8

이러한 사람이 많은 사람에게서 벌 받은 것이 족하도다. 7그런즉 너희는 차라리 저를 용서하고 위로할 것이니 저가 너무 많은 근심에 잠길까 두려워하노라. 8그러므로 너희를 권하노니 사랑을 저희에게 나타내라.

제3부 우리의 감사에 관하여

제32주일

86문 : 우리의 공로가 조금도 없이
그리스도로 말미암아 오직 은혜로
우리의 죄와 비참함으로부터 구원을 받았는데,
우리는 왜 또한 선행을 해야 합니까?

답 : 그리스도께서
그의 보혈로
우리를 구속(救贖)하셨을 뿐 아니라
그의 성신으로
우리를 새롭게 하여
그의 형상을 닮게 하시기 때문입니다.
이것은 우리가 모든 삶으로써
하나님의 은덕(恩德)에 감사하고[1]
하나님께서 우리를 통해 찬양받으시기 위함이며,[2]
또한 우리 각 사람이
그 열매로써
자신의 믿음에 확신을 얻고,[3]
경건한 삶으로써
다른 사람을 그리스도에게 인도하기 위함입니다.[4]

87문 : 감사치도 않고 회개하지 않는 삶을 계속 살면서
하나님께로 돌이키지 않는 사람들도
구원을 얻을 수 있습니까?

답 : 결코 구원을 받을 수 없습니다.
성경은 음란한 자, 우상 숭배자, 간음하는 자,
도둑질하는 자, 탐욕을 부리는 자,
술 취하는 자, 욕하는 자,
강도질하는 자나 그와 같은 죄인들은
하나님 나라를 유업으로 받지 못한다고
말씀합니다.[5]

1 **롬** 6:13

또한 너희 지체(肢體)를 불의의 병기로 죄에게 드리지 말고 오직 너희 자신을 죽은 자 가운데서 다시 산 자같이 하나님께 드리며 너희 지체를 의의 병기로 하나님께 드리라.

롬 12:1-2

그러므로 형제들아 내가 하나님의 모든 자비하심으로 너희를 권하노니 너희 몸을 하나님이 기뻐하시는 거룩한 산제사로 드리라. 이는 너희의 드릴 영적 예배니라. [2]너희는 이 세대를 본받지 말고 오직 마음을 새롭게 함으로 변화를 받아 하나님의 선하시고 기뻐하시고 온전하신 뜻이 무엇인지 분별하도록 하라.

엡 2:10

우리는 그의 만드신 바라. 그리스도 예수 안에서 선한 일을 위하여 지으심을 받은 자니 이 일은 하나님이 전에 예비하사 우리로 그 가운데서 행하게 하려 하심이니라.

벧전 2:5, 9

너희도 산 돌같이 신령한 집으로 세워지고 예수 그리스도로 말미암아 하나님이 기쁘게 받으실 신령한 제사를 드릴 거룩한 제사장이 될지니라. [9]오직 너희는 택하신 족속이요 왕 같은 제사장들이요 거룩한 나라요 그의 소유 된 백성이니 이는 너희를 어두운 데서 불러내어 그의 기이한 빛에 들어가게 하신 자의 아름다운 덕을 선전하게 하려 하심이라.

2 **마** 5:16

이같이 너희 빛을 사람 앞에 비취게 하여 저희로 너희 착한 행실을 보고 하늘에 계신 너희 아버지께 영광을 돌리게 하라.

고전 6:19-20

너희 몸은 너희가 하나님께로부터 받은 바 너희 가운데 계신 성령의 전(殿)인 줄을 알지 못하느냐? 너희는 너희의 것이 아니라 [20]값으로 산 것이 되었으니 그런즉 너희 몸으로 하나님께 영광을 돌리라.

벧전 2:12

너희가 이방인 중에서 행실을 선하게 가져 너희를 악행한다고 비방하는 자들로 하여금 너희 선한 일을 보고 권고(眷顧)하시는 날에 하나님께 영광을 돌리게 하려 함이라.

3 **마** 7:17-18

이와 같이 좋은 나무마다 아름다운 열매를 맺고 못된 나무가 나쁜 열매를 맺나니 [18]좋은 나무가 나쁜 열매를 맺을 수 없고 못된 나무가 아름다운 열매를 맺을 수 없느니라.

갈 5:6, 22-23

그리스도 예수 안에서는 할례나 무할례가 효력이 없되 사랑으로써 역사(役事)하는 믿음뿐이니라. [22]오직 성령의 열매는 사랑과 희락과 화평과 오래 참음과 자비와 양선(良善)과 충성과 [23]온유와 절제니 이 같은 것을 금지할 법이 없느니라.

벧후 1:10

그러므로 형제들아 더욱 힘써 너희 부르심과 택하심을 굳게 하라. 너희가 이것을 행한즉 언제든지 실족지 아니하리라.

4 **마** 5:16

이같이 너희 빛을 사람 앞에 비취게 하여 저희로 너희 착한 행실을 보고 하늘에 계신 너희 아버지께 영광을 돌리게 하라.

롬 14:18-19

이로써 그리스도를 섬기는 자는 하나님께 기뻐하심을 받으며 사람에게도 칭찬을 받느니라. [19]이러므로 우리가 화평의 일과 서로 덕을 세우는 일을 힘쓰나니.

벧전 3:1-2

아내 된 자들아 이와 같이 자기 남편에게 순복하라. 이는 혹 도(道)를 순종치 않는 자라도 말로 말미암지 않고 그 아내의 행위로 말미암아 구원을 얻게 하려 함이니 [2]너희의 두려워하며 정결한 행위를 봄이라.

5 **고전** 6:9-10

불의한 자가 하나님의 나라를 유업으로 받지 못할 줄을 알지 못하느냐? 미혹을 받지 말라. 음란하는 자나 우상 숭배하는 자나 간음하는 자나 탐색(貪色)하는 자나 남색(男色)하는 자나 [10]도적이나 탐람(貪婪)하는 자나 술 취하는 자나 후욕(詬辱)하는 자나 토색(討索)하는 자들은 하나님의 나라를 유업으로 받지 못하리라.

갈 5:19-21

육체의 일은 현저하니 곧 음행과 더러운 것과 호색과 [20]우상 숭배와 술수와 원수를 맺는 것과 분쟁과 시기와 분 냄과 당 짓는 것과 분리함과 이단과 [21]투기와 술 취함과 방탕함과 또 그와 같은 것들이라. 전에 너희에게 경계한 것같이 경계하노니 이런 일을 하는 자들은 하나님의 나라를 유업으로 받지 못할 것이요.

엡 5:5-6

너희도 이것을 정녕히 알거니와 음행하는 자나 더러운 자나 탐하는 자 곧 우상 숭배자는 다 그리스도와 하나님 나라에서 기업을 얻지 못하리니 [6]누구든지 헛된 말로 너희를 속이지 못하게 하라. 이를 인하여 하나님의 진노가 불순종의 아들들에게 임하나니.

요일 3:14-15

우리가 형제를 사랑함으로 사망에서 옮겨 생명으로 들어간 줄을 알거니와 사랑치 아니하는 자는 사망에 거하느니라. [15]그 형제를 미워하는 자마다 살인하는 자니 살인하는 자마다 영생이 그 속에 거하지 아니하는 것을 너희가 아는 바라.

제33주일

88문 : 사람의 진정한 회개는 무엇입니까?

답 : 옛사람이 죽고
새사람으로 사는 것입니다.[1]

89문 : 옛사람이 죽는다는 것은 무엇입니까?

답 : 하나님을 진노케 한 우리의 죄를
마음으로 슬퍼하고
더욱더 미워하고
피하는 것입니다.[2]

90문 : 새사람으로 다시 사는 것은 무엇입니까?

답 : 그리스도로 말미암아
하나님 안에서 마음으로 즐거워하고,[3]
하나님의 뜻에 따라
모든 선을 행하며 사는 것을
사랑하고 기뻐하는 것입니다.[4]

91문 : 그런데 선행이란 무엇입니까?

답 : 참된 믿음으로[5]
하나님의 율법을 따라서[6]
그리고 그의 영광을 위하여[7] 행한 것만을
선행이라 하며,
우리 자신의 생각이나
사람의 계명에 근거한 것은
선행이 아닙니다.[8]

1 **롬 6:4-6**

그러므로 우리가 그의 죽으심과 합하여 세례를 받음으로 그와 함께 장사되었나니 이는 아버지의 영광으로 말미암아 그리스도를 죽은 자 가운데서 살리심과 같이 우리로 또한 새 생명 가운데서 행하게 하려 함이니라. [5]만일 우리가 그의 죽으심을 본받아 연합한 자가 되었으면 또한 그의 부활을 본받아 연합한 자가 되리라. [6]우리가 알거니와 우리 옛사람이 예수와 함께 십자가에 못 박힌 것은 죄의 몸이 멸하여 다시는 우리가 죄에게 종노릇하지 아니하려 함이니.

고전 5:7

너희는 누룩 없는 자인데 새 덩어리가 되기 위하여 묵은 누룩을 내어 버리라. 우리의 유월절 양 곧 그리스도께서 희생이 되셨느니라.

고후 7:10

하나님의 뜻대로 하는 근심은 후회할 것이 없는 구원에 이르게 하는 회개를 이루는 것이요 세상 근심은 사망을 이루는 것이니라.

엡 4:22-24

너희는 유혹의 욕심을 따라 썩어져 가는 구습을 좇는 옛사람을 벗어 버리고 [23]오직 심령으로 새롭게 되어 [24]하나님을 따라 의와 진리의 거룩함으로 지으심을 받은 새사람을 입으라.

골 3:5-10

그러므로 땅에 있는 지체(肢體)를 죽이라. 곧 음란과 부정과 사욕과 악한 정욕과 탐심이니 탐심은 우상 숭배니라. [6]이것들을 인하여 하나님의 진노가 임하느니라. [7]너희도 전에 그 가운데 살 때에는 그 가운데서 행하였으나 [8]이제는 너희가 이 모든 것을 벗어 버리라. 곧 분과 악의와 훼방과 너희 입의 부끄러운 말이라. [9]너희가 서로 거짓말을 말라. 옛사람과 그 행위를 벗어 버리고 [10]새사람을 입었으니 이는 자기를 창조하신 자의 형상을 좇아 지식에까지 새롭게 하심을 받는 자니라.

2 **시 51:3-4, 17**

대저 나는 내 죄과를 아오니 내 죄가 항상 내 앞에 있나이다. [4]내가 주께만 범죄하여 주의 목전에 악을 행하였사오니 주께서 말씀하실 때에 의로우시다 하고 판단하실 때에 순전하시다 하리이다. [17]하나님의 구하시는 제사는 상한 심령이라. 하나님이여 상하고 통회(痛悔)하는 마음을 주께서 멸시치 아니하시리이다.

욜 2:13

너희는 옷을 찢지 말고 마음을 찢고 너희 하나님 여호와께로 돌아올지어다. 그는 은혜로우시며 자비로우시며 노하기를 더디 하시며 인애가 크시사 뜻을 돌이켜 재앙을 내리지 아니하시나니.

롬 8:13

너희가 육신대로 살면 반드시 죽을 것이로되 영으로써 몸의 행실을 죽이면 살리니.

3 **시 51:8, 12**

나로 즐겁고 기쁜 소리를 듣게 하사 주께서 꺾으신 뼈로 즐거워하게 하소서. [12]주의 구원의 즐거움을 내게 회복시키시고 자원하는 심령을 주사 나를 붙드소서.

사 57:15

지존무상(至尊無上)하며 영원히 거하며 거룩하다 이름하는 자가 이같이 말씀하시되 내가 높고 거룩한 곳에 거하며 또한 통회(痛悔)하고 마음이 겸손한 자와 함께 거하나니 이는 겸손한 자의 영을 소성케 하며 통회하는 자의 마음을 소성케 하려 함이라.

롬 5:1-2

그러므로 우리가 믿음으로 의롭다 하심을 얻었은즉 우리 주 예수 그리스도로 말미암아 하나님으로 더불어 화평을 누리자. [2]또한 그로 말미암아 우리가 믿음으로 서 있는 이 은혜에 들어감을 얻었으며 하나님의 영광을 바라고 즐거워하느니라.

롬 14:17

하나님의 나라는 먹는 것과 마시는 것이 아니요 오직 성령 안에서 의와 평강과 희락이라.

4 **롬 6:10-11**

그의 죽으심은 죄에 대하여 단번에 죽으심이요 그의 살으심은 하나님께 대하여 살으심이니 [11]이와 같이 너희도 너희 자신을 죄에 대하여는 죽은 자요 그리스도 예수 안에서 하나님을 대하여는 산 자로 여길지어다.

갈 2:19-20

내가 율법으로 말미암아 율법을 향하여 죽었나니 이는 하나님을 향하여 살려 함이니라. [20]내가 그리스도와 함께 십자가에 못 박혔나니 그런즉 이제는 내가 산 것이 아니요 오직 내 안에 그리스도께서 사신 것이라. 이제 내가 육체 가운데 사는 것은 나를 사랑하사 나를 위하여 자기 몸을 버리신 하나님의 아들을 믿는 믿음 안에서 사는 것이라.

5 **롬** 14:23

의심하고 먹는 자는 정죄되었나니 이는 믿음으로 좇아 하지 아니한 연고라. 믿음으로 좇아 하지 아니하는 모든 것이 죄니라.

히 11:6

믿음이 없이는 기쁘시게 못하나니 하나님께 나아가는 자는 반드시 그가 계신 것과 또한 그가 자기를 찾는 자들에게 상 주시는 이심을 믿어야 할지니라.

6 **레** 18:4

너희는 나의 법도를 좇으며 나의 규례를 지켜 그대로 행하라. 나는 너희의 하나님 여호와니라.

삼상 15:22

사무엘이 가로되 여호와께서 번제와 다른 제사를 그 목소리 순종하는 것을 좋아하심같이 좋아하시겠나이까? 순종이 제사보다 낫고 듣는 것이 수양의 기름보다 나으니.

엡 2:10

우리는 그의 만드신 바라. 그리스도 예수 안에서 선한 일을 위하여 지으심을 받은 자니 이 일은 하나님이 전에 예비하사 우리로 그 가운데서 행하게 하려 하심이니라.

7 **고전** 10:31

그런즉 너희가 먹든지 마시든지 무엇을 하든지 다 하나님의 영광을 위하여 하라.

8 **신** 12:32

내가 너희에게 명하는 이 모든 말을 너희는 지켜 행하고 그것에 가감하지 말지니라.

사 29:13-14

주께서 가라사대 이 백성이 입으로는 나를 가까이하며 입술로는 나를 존경하나 그 마음은 내게서 멀리 떠났나니 그들이 나를 경외함은 사람의 계명으로 가르침을 받았을 뿐이라. [14]그러므로 내가 이 백성 중에 기이한 일 곧 기이하고 가장 기이한 일을 다시 행하리니 그들 중의 지혜자의 지혜가 없어지고 명철자의 총명이 가리워지리라.

겔 20:18-19

내가 광야에서 그들의 자손에게 이르기를 너희 열조의 율례를 좇지 말며 그 규례를 지키지 말며 그 우상들로 스스로 더럽히지 말라. [19]나는 여호와 너희 하나님이라. 너희는 나의 율례를 좇으며 나의 규례를 지켜 행하고.

마 15:7-9

외식(外飾)하는 자들아 이사야가 너희에게 대하여 잘 예언하였도다. 일렀으되 [8]이 백성이 입술로는 나를 존경하되 마음은 내게서 멀도다. [9]사람의 계명으로 교훈을 삼아 가르치니 나를 헛되이 경배하는도다 하였느니라 하시고.

십계명에 관하여

제34주일

92문 : 하나님의 율법이 무엇입니까?

답 : 하나님께서는 다음과 같이
말씀하셨습니다(출 20:2-17; 신 5:6-21).

"나는 너를 애굽 땅,
종 되었던 집에서 인도하여 낸
너의 하나님 여호와로라."

제1계명: "너는 나 외에는 다른 신들을
네게 있게 말지니라."

제2계명: "너를 위하여 새긴 우상을
만들지 말고,
또 위로 하늘에 있는 것이나
아래로 땅에 있는 것이나
땅 아래 물속에 있는 것의 아무 형상이든지
만들지 말며,
그것들에게 절하지 말며,
그것들을 섬기지 말라.
나 여호와 너의 하나님은 질투하는 하나님인즉,
나를 미워하는 자의 죄를 갚되
아비로부터 아들에게로
삼사 대까지 이르게 하거니와,
나를 사랑하고 내 계명을 지키는 자에게는
천 대까지 은혜를 베푸느니라."

제3계명: "너는 너의 하나님 여호와의 이름을

망령되이 일컫지 말라.
나 여호와는 나의 이름을 망령되이 일컫는 자를
죄 없다 하지 아니하리라."
제4계명: "안식일을 기억하여 거룩히 지키라.
엿새 동안은 힘써 네 모든 일을 행할 것이나,
제칠 일은 너의 하나님 여호와의 안식일인즉,
너나 네 아들이나 네 딸이나
네 남종이나 네 여종이나
네 육축이나 네 문 안에 유하는 객이라도
아무 일도 하지 말라.
이는 엿새 동안에
나 여호와가
하늘과 땅과 바다와 그 가운데 모든 것을 만들고
제칠 일에 쉬었음이라.
그러므로 나 여호와가 안식일을 복되게 하여
그날을 거룩하게 하였느니라."
제5계명: "네 부모를 공경하라.
그리하면 너의 하나님 나 여호와가 네게 준 땅에서
네 생명이 길리라."
제6계명: "살인하지 말지니라."
제7계명: "간음하지 말지니라."
제8계명: "도둑질하지 말지니라."
제9계명: "네 이웃에 대하여 거짓 증거 하지 말지니라."
제10계명: "네 이웃의 집을 탐내지 말지니라.
네 이웃의 아내나
그의 남종이나 그의 여종이나
그의 소나 그의 나귀나
무릇 네 이웃의 소유를
탐내지 말지니라."

93문 : 십계명은 어떻게 나뉩니까?

답 : 두 부분으로 나뉩니다.
처음 부분은
하나님에 대한 우리의 태도를 가르치며,
둘째 부분은
이웃에 대한 우리의 의무를 가르칩니다.[1]

94문 : 제1계명에서
하나님께서 요구하시는 것은 무엇입니까?

답 : 내 영혼의 구원과 복이
매우 귀한 것이기 때문에
나는 온갖 우상 숭배,[2]
마술과 점치는 일과 미신,[3]
성인(聖人)이나 다른 피조물에게 기도하는 것을[4]
피하고 멀리해야 합니다.
더 나아가 유일하고 참되신 하나님을 바르게 알고[5]
그분만을 신뢰해야 하며,[6]
모든 겸손과[7] 인내로 그분에게만 복종하고,[8]
모든 좋은 것들을 오직 그분에게서만 기대하며,[9]
마음을 다하여 그분을 사랑하고[10]
경외하며[11]
그분만 섬겨야 합니다.[12]
그러하므로 지극히 작은 일이라도
하나님의 뜻을 거슬러 행하기보다는
오히려 모든 피조물을 포기합니다.[13]

95문 : 우상 숭배란 무엇입니까?

답 : 우상 숭배란

말씀으로 자신을 계시하신
유일하고 참되신 하나님 대신,[14]
혹은 하나님과 나란히,
다른 어떤 것을 신뢰하거나
고안하여 소유하는 것입니다.[15]

1 **마** 22:37-40

예수께서 가라사대 네 마음을 다하고 목숨을 다하고 뜻을 다하여 주 너의 하나님을 사랑하라 하셨으니 [38]이것이 크고 첫째 되는 계명이요 [39]둘째는 그와 같으니 네 이웃을 네 몸과 같이 사랑하라 하셨으니 [40]이 두 계명이 온 율법과 선지자의 강령이니라.

2 **고전** 6:9-10

불의한 자가 하나님의 나라를 유업으로 받지 못할 줄을 알지 못하느냐? 미혹을 받지 말라. 음란하는 자나 우상 숭배하는 자나 간음하는 자나 탐색(貪色)하는 자나 남색(男色)하는 자나 [10]도적이나 탐람(貪婪)하는 자나 술 취하는 자나 후욕(詬辱)하는 자나 토색(討索)하는 자들은 하나님의 나라를 유업으로 받지 못하리라.

고전 10:7, 14

저희 중에 어떤 이들과 같이 너희는 우상 숭배하는 자가 되지 말라. 기록된 바 백성이 앉아서 먹고 마시며 일어나서 뛰논다 함과 같으니라. [14]그런즉 내 사랑하는 자들아 우상 숭배하는 일을 피하라.

요일 5:21

자녀들아 너희 자신을 지켜 우상에서 멀리하라.

3 **레** 19:31

너희는 신접(神接)한 자와 박수를 믿지 말며 그들을 추종하여 스스로 더럽히지 말라. 나는 너희 하나님 여호와니라.

신 18:9-12

네 하나님 여호와께서 네게 주시는 땅에 들어가거든 너는 그 민족들의 가증한 행위를 본받지 말 것이니 [10]그 아들이나 딸을 불 가운데로 지나게 하는 자나 복술자(卜術者)나 길흉을 말하는 자나 요술을 하는 자나 무당이나 [11]진언자(嗔言者)나 신접자(神接者)나 박수나 초혼자(招魂者)를 너의 중에 용납하지 말라. [12]무릇 이런 일을 행하는 자는 여호와께서 가증히 여기시나니 이런 가증한 일로 인하여 네 하나님 여호와께서 그들을 네 앞에서 쫓아내시느니라.

4 **마** 4:10

이에 예수께서 말씀하시되 사단아 물러가라. 기록되었으되 주 너의 하나님께 경배하고 다만 그를 섬기라 하였느니라.

계 19:10

내가 그 발 앞에 엎드려 경배하려 하니 그가 나더러 말하기를 나는 너와 및 예수의 증거를 받은 네 형제들과 같이 된 종이니 삼가 그리하지 말고 오직 하나님께 경배하라. 예수의 증거는 대언(代言)의 영이라 하더라.

계 22:8-9

이것들을 보고 들은 자는 나 요한이니 내가 듣고 볼 때에 이 일을 내게 보이던 천사의 발 앞에 경배하려고 엎드렸더니 [9]저가 내게 말하기를 나는 너와 네 형제 선지자들과 또 이 책의 말을 지키는 자들과 함께 된 종이니 그리하지 말고 오직 하나님께 경배하라 하더라.

5 **호** 6:3

그러므로 우리가 여호와를 알자. 힘써 여호와를 알자. 그의 나오심은 새벽빛같이 일정하니 비와 같이, 땅을 적시는 늦은 비와 같이 우리에게 임하시리라 하리라.

요 17:3

영생은 곧 유일하신 참 하나님과 그의 보내신 자 예수 그리스도를 아는 것이니이다.

6 **렘** 17:5, 7

나 여호와가 이같이 말하노라. 무릇 사람을 믿
으며 혈육으로 그 권력을 삼고 마음이 여호와에
게서 떠난 그 사람은 저주를 받을 것이라. [7]그러
나 무릇 여호와를 의지하며 여호와를 의뢰하는
그 사람은 복을 받을 것이라.

7 **벧전** 5:5-6

젊은 자들아 이와 같이 장로들에게 순복하고
다 서로 겸손으로 허리를 동이라. 하나님이 교만
한 자를 대적하시되 겸손한 자들에게는 은혜를
주시느니라. [6]그러므로 하나님의 능하신 손 아래
서 겸손하라. 때가 되면 너희를 높이시리라.

8 **롬** 5:3-5

다만 이뿐 아니라 우리가 환난 중에도 즐거워
하나니 이는 환난은 인내를, [4]인내는 연단을, 연
단은 소망을 이루는 줄 앎이로다. [5]소망이 부끄럽
게 아니함은 우리에게 주신 성령으로 말미암아
하나님의 사랑이 우리 마음에 부은 바 됨이니.

고전 10:10

저희 중에 어떤 이들이 원망하다가 멸망시키는 자에게 멸망하였나니 너희는 저희와 같이 원망하지 말라.

빌 2:14

모든 일을 원망과 시비가 없이 하라.

골 1:11

그 영광의 힘을 좇아 모든 능력으로 능하게 하시며 기쁨으로 모든 견딤과 오래 참음에 이르게 하시고.

히 10:36

너희에게 인내가 필요함은 너희가 하나님의 뜻을 행한 후에 약속을 받기 위함이라.

9 **시** 104:27-30

이것들이 다 주께서 때를 따라 식물 주시기를
바라나이다. [28]주께서 주신즉 저희가 취하며 주께
서 손을 펴신즉 저희가 좋은 것으로 만족하다가
[29]주께서 낯을 숨기신즉 저희가 떨고 주께서 저희
호흡을 취하신즉 저희가 죽어 본 흙으로 돌아가
나이다. [30]주의 영을 보내어 저희를 창조하사 지
면을 새롭게 하시나이다.

사 45:7

나는 빛도 짓고 어두움도 창조하며 나는 평안도 짓고 환난도 창조하나니 나는 여호와라. 이 모든 일을 행하는 자니라 하였노라.

약 1:17

각양 좋은 은사와 온전한 선물이 다 위로부터 빛들의 아버지께로서 내려오나니 그는 변함도 없으시고 회전하는 그림자도 없으시니라.

10 **신** 6:5

너는 마음을 다하고 성품을 다하고 힘을 다하여 네 하나님 여호와를 사랑하라.

마 22:37-38

예수께서 가라사대 네 마음을 다하고 목숨을
다하고 뜻을 다하여 주 너의 하나님을 사랑하라
하셨으니 [38]이것이 크고 첫째 되는 계명이요.

11 **신** 6:2

곧 너와 네 아들과 네 손자로 평생에 네 하나님 여호와를 경외하며 내가 너희에게 명한 그 모든 규례와 명령을 지키게 하기 위한 것이며 또 네 날을 장구케 하기 위한 것이라.

시 111:10

여호와를 경외함이 곧 지혜의 근본이라. 그 계명을 지키는 자는 다 좋은 지각이 있나니 여호와를 찬송함이 영원히 있으리로다.

잠 1:7

여호와를 경외하는 것이 지식의 근본이어늘 미련한 자는 지혜와 훈계를 멸시하느니라.

잠 9:10

여호와를 경외하는 것이 지혜의 근본이요 거룩하신 자를 아는 것이 명철이니라.

마 10:28

몸은 죽여도 영혼은 능히 죽이지 못하는 자들을 두려워하지 말고 오직 몸과 영혼을 능히 지옥에 멸하시는 자를 두려워하라.

엡 5:21

그리스도를 경외함으로 피차 복종하라.

벧전 1:17

외모로 보시지 않고 각 사람의 행위대로 판단하시는 자를 너희가 아버지라 부른즉 너희의 나그네로 있을 때를 두려움으로 지내라.

12 **신** 10:20

네 하나님 여호와를 경외하여 그를 섬기며 그에게 친근히 하고 그 이름으로 맹세하라.

마 4:10

이에 예수께서 말씀하시되 사단아 물러가라. 기록되었으되 주 너의 하나님께 경배하고 다만 그를 섬기라 하였느니라.

13 **마** 5:29-30

만일 네 오른 눈이 너로 실족케 하거든 빼어 내버리라. 네 백체(百體) 중 하나가 없어지고 온 몸이 지옥에 던지우지 않는 것이 유익하며 [30]또한 만일 네 오른손이 너로 실족케 하거든 찍어 내버리라. 네 백체 중 하나가 없어지고 온 몸이 지옥에 던지우지 않는 것이 유익하니라.

마 10:37-39

아비나 어미를 나보다 더 사랑하는 자는 내게 합당치 아니하고 아들이나 딸을 나보다 더 사랑하는 자도 내게 합당치 아니하고 [38]또 자기 십자가를 지고 나를 좇지 않는 자도 내게 합당치 아니하니라. [39]자기 목숨을 얻는 자는 잃을 것이요 나를 위하여 자기 목숨을 잃는 자는 얻으리라.

행 5:29

베드로와 사도들이 대답하여 가로되 사람보다 하나님을 순종하는 것이 마땅하니라.

14 **요** 5:23

이는 모든 사람으로 아버지를 공경하는 것같이 아들을 공경하게 하려 하심이라. 아들을 공경치 아니하는 자는 그를 보내신 아버지를 공경치 아니하느니라.

엡 2:12

그때에 너희는 그리스도 밖에 있었고 이스라엘 나라 밖의 사람이라. 약속의 언약들에 대하여 외인이요 세상에서 소망이 없고 하나님도 없는 자이더니.

요일 2:23

아들을 부인하는 자에게는 또한 아버지가 없으되 아들을 시인하는 자에게는 아버지도 있느니라.

요이 9

지내쳐 그리스도 교훈 안에 거하지 아니하는 자마다 하나님을 모시지 못하되 교훈 안에 거하는 이 사람이 아버지와 아들을 모시느니라.

15 **대상** 16:26

만방의 모든 신은 헛것이요 여호와께서는 하늘을 지으셨음이로다.

사 44:15-17

무릇 이 나무는 사람이 화목(火木)을 삼는 것이어늘 그가 그것을 가지고 자기 몸을 더웁게도 하고 그것으로 불을 피워서 떡을 굽기도 하고 그것으로 신상을 만들어 숭배하며 우상을 만들고 그 앞에 부복하기도 하는구나. [16]그중에 얼마는 불사르고 얼마는 고기를 삶아 먹기도 하며 고기를 구워 배불리기도 하며 또 몸을 더웁게 하여 이르기를 아하 따뜻하다 내가 불을 보았구나 하면서 [17]그 나머지로 신상 곧 자기의 우상을 만들고 그 앞에 부복하여 경배하며 그것에게 기도하여 이르기를 너는 나의 신이니 나를 구원하라 하는도다.

마 6:24

한 사람이 두 주인을 섬기지 못할 것이니 혹 이를 미워하며 저를 사랑하거나 혹 이를 중히 여기며 저를 경히 여김이라. 너희가 하나님과 재물을 겸하여 섬기지 못하느니라.

갈 4:8

그러나 너희가 그때에는 하나님을 알지 못하여 본질상 하나님이 아닌 자들에게 종노릇하였더니.

엡 5:5

너희도 이것을 정녕히 알거니와 음행하는 자나 더러운 자나 탐하는 자 곧 우상 숭배자는 다 그리스도와 하나님 나라에서 기업을 얻지 못하리니.

빌 3:19

저희의 마침은 멸망이요 저희의 신은 배요 그 영광은 저희의 부끄러움에 있고 땅의 일을 생각하는 자라.

제35주일

96문 : 제2계명에서
하나님께서 원하시는 것은 무엇입니까?

답 : 어떤 형태로든
하나님을 형상으로 표현하지 않는 것이고,[1]
하나님이 그의 말씀에서 명하지 아니한 다른 방식으로
예배하지 않는 것입니다.[2]

97문 : 그렇다면 어떤 형상도 만들면 안 됩니까?

답 : 하나님은 어떤 형태로든
형상으로 표현될 수 없고
표현해서도 안 됩니다.
피조물은
형상으로 표현할 수 있으나,
그것에 경배하기 위해
또는 하나님께 예배하는 데 사용하기 위해
형상을 만들거나
소유하는 일은 금하셨습니다.[3]

98문 : 그렇다면 교회에서는 "평신도를 위한 책"으로서
형상들을 허용해서도 안 됩니까?

답 : 그렇습니다.
우리는 하나님보다 더 지혜로운 체해서는 안 됩니다.
하나님께서는 그의 백성들이
말 못하는 우상을 통해서가 아니라[4]
그의 말씀에 대한 살아 있는 강설을 통해
가르침 받기를 원하십니다.[5]

1 **신** 4:15-18

여호와께서 호렙 산 화염 중에서 너희에게 말씀하시던 날에 너희가 아무 형상도 보지 못하였은즉 너희는 깊이 삼가라. [16]두렵건대 스스로 부패하여 자기를 위하여 아무 형상대로든지 우상을 새겨 만들되 남자의 형상이라든지, 여자의 형상이라든지, [17]땅 위에 있는 아무 짐승의 형상이라든지, 하늘에 나는 아무 새의 형상이라든지, [18]땅 위에 기는 아무 곤충의 형상이라든지, 땅 아래 물 속에 있는 아무 어족의 형상이라든지 만들까 하노라.

사 40:18-19, 25

그런즉 너희가 하나님을 누구와 같다 하겠으며 무슨 형상에 비기겠느냐? [19]우상은 장인(匠人)이 부어 만들었고 장색(匠色)이 금으로 입혔고 또 위하여 은사슬을 만든 것이니라. [25]거룩하신 자가 가라사대 그런즉 너희가 나를 누구에게 비기며 나로 그와 동등이 되게 하겠느냐 하시느니라.

행 17:29

이와 같이 신의 소생이 되었은즉 신을 금이나 은이나 돌에다 사람의 기술과 고안으로 새긴 것들과 같이 여길 것이 아니니라.

롬 1:23-25

썩어지지 아니하는 하나님의 영광을 썩어질 사람과 금수와 버러지 형상의 우상으로 바꾸었느니라. [24]그러므로 하나님께서 저희를 마음의 정욕대로 더러움에 내어 버려두사 저희 몸을 서로 욕되게 하셨으니 [25]이는 저희가 하나님의 진리를 거짓 것으로 바꾸어 피조물을 조물주보다 더 경배하고 섬김이라. 주는 곧 영원히 찬송할 이시로다. 아멘.

2 **레** 10:1-2

아론의 아들 나답과 아비후가 각기 향로를 가져다가 여호와의 명하시지 않은 다른 불을 담아 여호와 앞에 분향하였더니 [2]불이 여호와 앞에서 나와 그들을 삼키매 그들이 여호와 앞에서 죽은지라.

신 12:30-32

너는 스스로 삼가서 네 앞에서 멸망한 그들의 자취를 밟아 올무에 들지 말라. 또 그들의 신을 탐구하여 이르기를 이 민족들은 그 신들을 어떻게 위하였는고? 나도 그와 같이 하겠다 하지 말라. [31]네 하나님 여호와께는 네가 그와 같이 행하지 못할 것이라. 그들은 여호와의 꺼리시며 가증히 여기시는 일을 그 신들에게 행하여 심지어 그 자녀를 불살라 그 신들에게 드렸느니라. [32]내가 너희에게 명하는 이 모든 말을 너희는 지켜 행하고 그것에 가감하지 말지니라.

삼상 15:22-23

사무엘이 가로되 여호와께서 번제와 다른 제사를 그 목소리 순종하는 것을 좋아하심같이 좋아하시겠나이까? 순종이 제사보다 낫고 듣는 것이 수양의 기름보다 나으니. [23]이는 거역하는 것은 사술(邪術)의 죄와 같고 완고한 것은 사신(邪神) 우상에게 절하는 죄와 같음이라. 왕이 여호와의 말씀을 버렸으므로 여호와께서도 왕을 버려 왕이 되지 못하게 하셨나이다.

마 15:9

사람의 계명으로 교훈을 삼아 가르치니 나를 헛되이 경배하는도다 하였느니라 하시고.

3 **출** 34:13-14, 17

너희는 도리어 그들의 단들을 헐고 그들의 주상(柱像)을 깨뜨리고 그들의 아세라 상을 찍을지어다. [14]너는 다른 신에게 절하지 말라. 여호와는 질투라 이름하는 질투의 하나님임이니라. [17]너는 신상들을 부어 만들지 말지니라.

신 12:3-4

그 단을 헐며 주상을 깨뜨리며 아세라 상을 불사르고 또 그 조각한 신상들을 찍어서 그 이름을 그곳에서 멸하라. [4]너희 하나님 여호와에게는 너희가 그처럼 행하지 말고.

신 16:22

자기를 위하여 주상을 세우지 말라. 네 하나님 여호와께서 미워하시느니라.

왕하 18:4

여러 산당을 제하며 주상을 깨뜨리며 아세라 목상을 찍으며 모세가 만들었던 놋뱀을 이스라엘 자손이 이때까지 향하여 분향하므로 그것을 부수고 느후스단이라 일컬었더라.

사 40:25

거룩하신 자가 가라사대 그런즉 너희가 나를 누구에게 비기며 나로 그와 동등이 되게 하겠느냐 하시느니라.

4 **렘** 10:5, 8

그것이 갈린 기둥 같아서 말도 못하며 걸어다니지도 못하므로 사람에게 메임을 입느니라. 그것이 화를 주거나 복을 주지 못하나니 너희는 두려워 말라 하셨느니라. [8]그들은 다 무지하고 어리석은 것이니 우상의 도(道)는 나무뿐이라.

합 2:18-19

새긴 우상은 그 새겨 만든 자에게 무엇이 유익하겠느냐? 부어 만든 우상은 거짓 스승이라. 만든 자가 이 말하지 못하는 우상을 의지하니 무엇이 유익하겠느냐? [19]나무더러 깨라 하며 말하지 못하는 돌더러 일어나라 하는 자에게 화 있을진저. 그것이 교훈을 베풀겠느냐? 보라 이는 금과 은으로 입힌 것인즉 그 속에는 생기가 도무지 없느니라.

5 **롬** 10:14-17

그런즉 저희가 믿지 아니하는 이를 어찌 부르리요? 듣지도 못한 이를 어찌 믿으리요? 전파하는 자가 없이 어찌 들으리요? [15]보내심을 받지 아니하였으면 어찌 전파하리요? 기록된 바 아름답도다 좋은 소식을 전하는 자들의 발이여 함과 같으니라. [16]그러나 저희가 다 복음을 순종치 아니하였도다. 이사야가 가로되 주여 우리의 전하는 바를 누가 믿었나이까 하였으니 [17]그러므로 믿음은 들음에서 나며 들음은 그리스도의 말씀으로 말미암았느니라.

딤후 3:16-17

모든 성경은 하나님의 감동으로 된 것으로 교훈과 책망과 바르게 함과 의로 교육하기에 유익하니 [17]이는 하나님의 사람으로 온전케 하며 모든 선한 일을 행하기에 온전케 하려 함이니라.

벧후 1:19

또 우리에게 더 확실한 예언이 있어 어두운 데 비취는 등불과 같으니 날이 새어 샛별이 너희 마음에 떠오르기까지 너희가 이것을 주의하는 것이 가하니라.

제36주일

99문 : 제3계명에서
하나님께서 원하시는 것은 무엇입니까?

답 : 우리가 저주나[1] 거짓 맹세,[2] 또는 불필요한 서약으로[3]
하나님의 이름을 욕되게 하거나
잘못 사용하지 않는 것이며,
더 나아가 침묵하는 방관자가 되어
그러한 두려운 죄에 참여하지 않는 것입니다.[4]
오히려 하나님의 거룩한 이름을
두려워하고 존경하는 마음으로만 사용하여,[5]
우리가 하나님을 바르게 고백하고[6]
부르며[7]
우리의 모든 말과 행실에서
그분이 영광을 얻도록 하는 것입니다.[8]

100문 : 맹세나 저주로 하나님의 이름을 욕되게 하는 것은
그들이 할 수 있는 대로
그러한 죄를 막거나 금하지 못한 사람들에게까지
하나님께서 진노하실 정도로 중대한 죄입니까?

답 : 진실로 그렇습니다.
하나님의 이름을 욕되게 하는 것보다
더 크고
하나님을 진노케 하는 죄는 없습니다.
따라서 하나님께서는
이 죄를 사형으로 벌하라 명하셨습니다.[9]

1 **레** 24:15-16

너는 이스라엘 자손에게 고하여 이르라. 누구든지 자기 하나님을 저주하면 죄를 당할 것이요 [16]여호와의 이름을 훼방하면 그를 반드시 죽일지니 온 회중이 돌로 그를 칠 것이라. 외국인이든지 본토인이든지 여호와의 이름을 훼방하면 그를 죽일지니라.

민 22:5-6

그가 사자(使者)를 브올의 아들 발람의 본향 강변 브돌에 보내어 발람을 부르게 하여 가로되 보라 한 민족이 애굽에서 나왔는데 그들이 지면에 덮여서 우리 맞은편에 거하였고 [6]우리보다 강하니 청컨대 와서 나를 위하여 이 백성을 저주하라. 내가 혹 쳐서 이기어 이 땅에서 몰아내리라. 그대가 복을 비는 자는 복을 받고 저주하는 자는 저주를 받을 줄을 내가 앎이니라.

2 **레** 19:12

너희는 내 이름으로 거짓 맹세 함으로 네 하나님의 이름을 욕되게 하지 말라. 나는 여호와니라.

3 **마** 5:37

오직 너희 말은 옳다 옳다, 아니라 아니라 하라. 이에서 지나는 것은 악으로 좇아 나느니라.

약 5:12

내 형제들아 무엇보다도 맹세하지 말지니 하늘로나 땅으로나 아무 다른 것으로도 맹세하지 말고 오직 너희의 그렇다 하는 것은 그렇다 하고 아니라 하는 것은 아니라 하여 죄 정함을 면하라.

4 **레** 5:1

누구든지 증인이 되어 맹세시키는 소리를 듣고도 그 본 일이나 아는 일을 진술치 아니하면 죄가 있나니 그 허물이 그에게로 돌아갈 것이요.

잠 29:24

도적과 짝하는 자는 자기의 영혼을 미워하는 자라. 그는 맹세함을 들어도 직고하지 아니하느니라.

5 **사** 45:23

내가 나를 두고 맹세하기를 나의 입에서 의로운 말이 나갔은즉 돌아오지 아니하나니 내게 모든 무릎이 꿇겠고 모든 혀가 맹약하리라 하였노라.

렘 4:2

진실과 공평과 정의로 여호와의 삶을 가리켜 맹세하면 열방이 나로 인하여 스스로 복을 빌며 나로 인하여 자랑하리라.

6 **마** 10:32

누구든지 사람 앞에서 나를 시인하면 나도 하늘에 계신 내 아버지 앞에서 저를 시인할 것이요.

롬 10:9-10

네가 만일 네 입으로 예수를 주로 시인하며 또 하나님께서 그를 죽은 자 가운데서 살리신 것을 네 마음에 믿으면 구원을 얻으리니 [10]사람이 마음으로 믿어 의에 이르고 입으로 시인하여 구원에 이르느니라.

7 **시** 50:15

환난 날에 나를 부르라. 내가 너를 건지리니 네가 나를 영화롭게 하리로다.

딤전 2:8

그러므로 각처에서 남자들이 분노와 다툼이 없이 거룩한 손을 들어 기도하기를 원하노라.

8 **롬** 2:24

기록된 바와 같이 하나님의 이름이 너희로 인하여 이방인 중에서 모독을 받는도다.

엡 4:29

무릇 더러운 말은 너희 입 밖에도 내지 말고 오직 덕을 세우는 데 소용되는 대로 선한 말을 하여 듣는 자들에게 은혜를 끼치게 하라.

골 3:17

또 무엇을 하든지 말에나 일에나 다 주 예수의 이름으로 하고 그를 힘입어 하나님 아버지께 감사하라.

딤전 6:1

무릇 멍에 아래 있는 종들은 자기 상전들을 범사에 마땅히 공경할 자로 알지니 이는 하나님의 이름과 교훈으로 훼방을 받지 않게 하려 함이라.

9 **레** 24:16

여호와의 이름을 훼방하면 그를 반드시 죽일지니 온 회중이 돌로 그를 칠 것이라. 외국인이든지 본토인이든지 여호와의 이름을 훼방하면 그를 죽일지니라.

제37주일

101문 : 그러나 하나님의 이름으로
경건하게 맹세할 수는 있습니까?

답 : 그렇습니다.
국가가 국민에게 요구하는 경우,
혹은 하나님의 영광과 이웃의 복을 위하여
신뢰와 진리를 보존하고 증진시키는 데
꼭 필요한 경우에는
맹세할 수 있습니다.
그러한 맹세는 하나님의 말씀에 근거한 것이며,[1]
그렇기에 구약과 신약의 성도들도
이것을 옳게 사용해 왔습니다.[2]

102문 : 성인(聖人)이나 다른 피조물로도
맹세할 수 있습니까?

답 : 아닙니다.
정당한 맹세는
오직 홀로 사람의 마음을 아시는 하나님을 불러,
진리에 대해 증인이 되어 주시며
내가 거짓으로 맹세할 때에
형벌하시기를 구하는 것입니다.[3]
이러한 영예는
어떤 피조물에게도 돌아갈 수 없습니다.[4]

1 **신** 6:13

네 하나님 여호와를 경외하며 섬기며 그 이름으로 맹세할 것이니라.

신 10:20

네 하나님 여호와를 경외하여 그를 섬기며 그에게 친근히 하고 그 이름으로 맹세하라.

히 6:16

사람들은 자기보다 더 큰 자를 가리켜 맹세하나니 맹세는 저희 모든 다투는 일에 최후 확정이니라.

2 **창** 21:24

아브라함이 가로되 내가 맹세하리라 하고.

창 31:53

아브라함의 하나님, 나홀의 하나님, 그들의 조상의 하나님은 우리 사이에 판단하옵소서 하매 야곱이 그 아비 이삭의 경외하는 이를 가리켜 맹세하고.

삼상 24:21-22

그런즉 너는 내 후손을 끊지 아니하며 내 아비의 집에서 내 이름을 멸하지 아니할 것을 이제 여호와로 내게 맹세하라. [22]다윗이 사울에게 맹세하매 사울은 집으로 돌아가고 다윗과 그의 사람들은 요새로 올라가니라.

삼하 3:35

석양에 뭇 백성이 나아와 다윗에게 음식을 권하니 다윗이 맹세하여 가로되 내가 해 지기 전에 떡이나 다른 것을 맛보면 하나님이 내게 벌 위에 벌을 내리심이 마땅하니라 하매.

왕상 1:29-30

왕이 가로되 내 생명을 모든 환난에서 구원하신 여호와의 사심을 가리켜 맹세하노라. [30]내가 이전에 이스라엘 하나님 여호와를 가리켜 네게 맹세하여 이르기를 네 아들 솔로몬이 정녕 나를 이어 왕이 되고 나를 대신하여 내 위(位)에 앉으리라 하였으니 내가 오늘날 그대로 행하리라.

롬 1:9

내가 그의 아들의 복음 안에서 내 심령으로 섬기는 하나님이 나의 증인이 되시거니와 항상 내 기도에 쉬지 않고 너희를 말하며.

롬 9:1

내가 그리스도 안에서 참말을 하고 거짓말을 아니하노라. 내게 큰 근심이 있는 것과 마음에 그치지 않는 고통이 있는 것을 내 양심이 성령 안에서 나로 더불어 증거하노니.

고후 1:23

내가 내 영혼을 두고 하나님을 불러 증거하시게 하노니 다시 고린도에 가지 아니한 것은 너희를 아끼려 함이라.

3 **롬** 9:1

내가 그리스도 안에서 참말을 하고 거짓말을 아니하노라. 내게 큰 근심이 있는 것과 마음에 그치지 않는 고통이 있는 것을 내 양심이 성령 안에서 나로 더불어 증거하노니.

고후 1:23

내가 내 영혼을 두고 하나님을 불러 증거하시게 하노니 다시 고린도에 가지 아니한 것은 너희를 아끼려 함이라.

4 **마** 5:34-36

나는 너희에게 이르노니 도무지 맹세하지 말지니 하늘로도 말라 이는 하나님의 보좌임이요 [35]땅으로도 말라 이는 하나님의 발등상임이요 예루살렘으로도 말라 이는 큰 임금의 성임이요 [36]네 머리로도 말라 이는 네가 한 터럭도 희고 검게 할 수 없음이라.

약 5:12

내 형제들아 무엇보다도 맹세하지 말지니 하늘로나 땅으로나 아무 다른 것으로도 맹세하지 말고 오직 너희의 그렇다 하는 것은 그렇다 하고 아니라 하는 것은 아니라 하여 죄 정함을 면하라.

제38주일

103문 : 제4계명에서
하나님께서 원하시는 것은 무엇입니까?

답 : 첫째, 하나님께서는
말씀의 봉사와 그 봉사를 위한 교육이
유지되기를 원하시며,[1]
특히 안식의 날인 주일에
내가 하나님의 교회에 부지런히 참석하여,[2]
하나님의 말씀을 경청하고[3]
성례에 참여하며[4]
주님을 공적(公的)으로 부르고[5]
가난한 자들에게 기독교적 자비를 행하기
원하십니다.[6]
둘째, 나의 일생 동안
악한 일들을 그만두고,
주께서 그의 성신으로
내 안에서 일하시게 하며,
그럼으로써 영원한 안식이
이 세상에서부터 시작되기를 원하십니다.[7]

1 **고전** 9:13-14
성전의 일을 하는 이들은 성전에서 나는 것을 먹으며 제단을 모시는 이들은 제단과 함께 나누는 것을 너희가 알지 못하느냐? [14]이와 같이 주께서도 복음 전하는 자들이 복음으로 말미암아 살리라 명하셨느니라.

딤전 3:15
만일 내가 지체하면 너로 하나님의 집에서 어떻게 행하여야 할 것을 알게 하려 함이니 이 집은 살아 계신 하나님의 교회요 진리의 기둥과 터이니라.

딤후 2:2
또 네가 많은 증인 앞에서 내게 들은 바를 충성

된 사람들에게 부탁하라. 저희가 또 다른 사람들을 가르칠 수 있으리라.

딤후 3:14-15

그러나 너는 배우고 확신한 일에 거하라. 네가 뉘게서 배운 것을 알며 [15]또 네가 어려서부터 성경을 알았나니 성경은 능히 너로 하여금 그리스도 예수 안에 있는 믿음으로 말미암아 구원에 이르는 지혜가 있게 하느니라.

딛 1:5

내가 너를 그레데에 떨어뜨려 둔 이유는 부족한 일을 바로잡고 나의 명한 대로 각 성에 장로들을 세우게 하려 함이니.

2 **레** 23:3

엿새 동안은 일할 것이요 일곱째 날은 쉴 안식일이니 성회라. 너희는 무슨 일이든지 하지 말라. 이는 너희 거하는 각처에서 지킬 여호와의 안식일이니라.

시 40:9-10

내가 대회 중에서 의의 기쁜 소식을 전하였나이다. 여호와여 내가 내 입술을 닫지 아니할 줄을 주께서 아시나이다. [10]내가 주의 의를 내 심중에 숨기지 아니하고 주의 성실과 구원을 선포하였으며 내가 주의 인자와 진리를 대회 중에서 은휘(隱諱)치 아니하였나이다.

시 122:1

사람이 내게 말하기를 여호와의 집에 올라가자 할 때에 내가 기뻐하였도다.

행 2:42, 46

저희가 사도의 가르침을 받아 서로 교제하며 떡을 떼며 기도하기를 전혀 힘쓰니라. [46]날마다 마음을 같이하여 성전에 모이기를 힘쓰고 집에서 떡을 떼며 기쁨과 순전한 마음으로 음식을 먹고.

히 10:25

모이기를 폐하는 어떤 사람들의 습관과 같이 하지 말고 오직 권하여 그날이 가까움을 볼수록 더욱 그리하자.

3 **롬** 10:17

그러므로 믿음은 들음에서 나며 들음은 그리스도의 말씀으로 말미암았느니라.

고전 14:1, 3

사랑을 따라 구하라. 신령한 것을 사모하되 특별히 예언을 하려고 하라. [3]그러나 예언하는 자는 사람에게 말하여 덕을 세우며 권면하며 안위하는 것이요.

딤전 4:13

내가 이를 때까지 읽는 것과 권하는 것과 가르치는 것에 착념하라.

계 1:3

이 예언의 말씀을 읽는 자와 듣는 자들과 그 가운데 기록한 것을 지키는 자들이 복이 있나니 때가 가까움이라.

4 **행** 20:7

안식 후 첫날에 우리가 떡을 떼려 하여 모였더니 바울이 이튿날 떠나고자 하여 저희에게 강론할새 말을 밤중까지 계속하매.

고전 11:23-25

내가 너희에게 전한 것은 주께 받은 것이니 곧 주 예수께서 잡히시던 밤에 떡을 가지사 [24]축사하시고 떼어 가라사대 이것은 너희를 위하는 내 몸이니 이것을 행하여 나를 기념하라 하시고 [25]식후에 또한 이와 같이 잔을 가지시고 가라사대 이 잔은 내 피로 세운 새 언약이니 이것을 행하여 마실 때마다 나를 기념하라 하셨으니.

5 **고전** 14:16

그렇지 아니하면 네가 영으로 축복할 때에 무식한 처지에 있는 자가 네가 무슨 말을 하는지 알지 못하고 네 감사에 어찌 아멘 하리요?

골 3:16

그리스도의 말씀이 너희 속에 풍성히 거하여 모든 지혜로 피차 가르치며 권면하고 시와 찬미와 신령한 노래를 부르며 마음에 감사함으로 하나님을 찬양하고.

딤전 2:1-2

그러므로 내가 첫째로 권하노니 모든 사람을 위하여 간구와 기도와 도고(禱告)와 감사를 하되 [2]임금들과 높은 지위에 있는 모든 사람을 위하여 하라. 이는 우리가 모든 경건과 단정한 중에 고요하고 평안한 생활을 하려 함이니라.

6 **신 15:11**

땅에는 언제든지 가난한 자가 그치지 아니하겠으므로 내가 네게 명하여 이르노니 너는 반드시 네 경내(境內) 네 형제의 곤란한 자와 궁핍한 자에게 네 손을 펼지니라.

고전 16:1-2

성도를 위하는 연보에 대하여는 내가 갈라디아 교회들에게 명한 것같이 너희도 그렇게 하라.
[2]매 주일 첫날에 너희 각 사람이 이(利)를 얻은 대로 저축하여 두어서 내가 갈 때에 연보를 하지 않게 하라.

딤전 5:16

만일 믿는 여자에게 과부 친척이 있거든 자기가 도와주고 교회로 짐 지지 말게 하라. 이는 참 과부를 도와주게 하려 함이니라.

7 **히 4:9-11**

그런즉 안식할 때가 하나님의 백성에게 남아
있도다. [10]이미 그의 안식에 들어간 자는 하나님이
자기 일을 쉬심과 같이 자기 일을 쉬느니라. [11]그
러므로 우리가 저 안식에 들어가기를 힘쓸지니 이는 누구든지 저 순종치 아니하는 본에 빠지지 않게 하려 함이라.

제39주일

104문 : 제5계명에서
하나님께서 원하시는 것은 무엇입니까?

답 : 나의 부모님,
그리고 내 위에 있는 모든 권위에
모든 공경과 사랑과 신실함을 나타내고,
그들의 모든 좋은 가르침과 징계에 대해
합당한 순종을 하며,[1]
또한 그들의 약점과 부족에 대해서는
인내해야 합니다.[2]
왜냐하면 그들의 손을 통해 우리를 다스리시는 것이
하나님의 뜻이기 때문입니다.[3]

1 **출 21:17**
그 아비나 어미를 저주하는 자는 반드시 죽일지니라.

잠 1:8
내 아들아 네 아비의 훈계를 들으며 네 어미의 법을 떠나지 말라.

잠 4:1
아들들아 아비의 훈계를 들으며 명철을 얻기에 주의하라.

잠 15:20
지혜로운 아들은 아비를 즐겁게 하여도 미련한 자는 어미를 업신여기느니라.

잠 20:20
자기의 아비나 어미를 저주하는 자는 그 등불이 유암(幽暗) 중에 꺼짐을 당하리라.

롬 13:1
각 사람은 위에 있는 권세들에게 굴복하라. 권세는 하나님께로 나지 않음이 없나니 모든 권세는 다 하나님의 정하신 바라.

엡 5:22
아내들이여 자기 남편에게 복종하기를 주께 하듯 하라.

엡 6:1-2, 5
자녀들아 너희 부모를 주 안에서 순종하라. 이것이 옳으니라. [2]네 아버지와 어머니를 공경하라. 이것이 약속 있는 첫 계명이니 [5]종들아 두려워하고 떨며 성실한 마음으로 육체의 상전에게 순종하기를 그리스도께 하듯 하여.

골 3:18, 20, 22
아내들아 남편에게 복종하라. 이는 주 안에서 마땅하니라. [20]자녀들아 모든 일에 부모에게 순종하라. 이는 주 안에서 기쁘게 하는 것이니라. [22]종들아 모든 일에 육신의 상전들에게 순종하되 사람을 기쁘게 하는 자와 같이 눈가림만 하지 말고 오직 주를 두려워하여 성실한 마음으로 하라.

2 **잠 23:22**

너 낳은 아비에게 청종하고 네 늙은 어미를 경히 여기지 말지니라.

벧전 2:18

사환들아 범사에 두려워함으로 주인들에게 순복하되 선하고 관용하는 자들에게만 아니라 또한 까다로운 자들에게도 그리하라.

3 **마 22:21**

가로되 가이사의 것이니이다. 이에 가라사대 그런즉 가이사의 것은 가이사에게, 하나님의 것은 하나님께 바치라 하시니.

롬 13:2, 4

그러므로 권세를 거스리는 자는 하나님의 명을 거스림이니 거스리는 자들은 심판을 자취하리라. [4]그는 하나님의 사자가 되어 네게 선을 이루는 자니라. 그러나 네가 악을 행하거든 두려워하라. 그가 공연히 칼을 가지지 아니하였으니 곧 하나님의 사자가 되어 악을 행하는 자에게 진노하심을 위하여 보응하는 자니라.

엡 6:4

또 아비들아 너희 자녀를 노엽게 하지 말고 오직 주의 교양과 훈계로 양육하라.

골 4:1

상전들아 의와 공평을 종들에게 베풀지니 너희에게도 하늘에 상전이 계심을 알지어다.

제40주일

105문 : 제6계명에서
하나님께서 원하시는 것은 무엇입니까?

답 : 내가 이웃의 명예를 훼손하거나
그들을 미워하거나 해치거나 죽이지 않기를
원하십니다.[1]
나는 생각이나 말이나 몸짓으로
무엇보다도 행동으로 그리해서는 안 되고,
다른 사람을 시켜서 해도 안 되며,
오히려 모든 복수심을 버려야 합니다.[2]
더 나아가 자기 자신을 해쳐서도 안 되고
부주의하게 위험에 빠뜨려서도 안 됩니다.[3]
그러므로 살인을 막기 위해서
국가는 또한 칼을 가지고 있습니다.[4]

106문 : 그런데 이 계명은 살인에 대해서만 이야기합니까?

답 : 아닙니다.
하나님께서는 살인을 금함으로써
살인의 뿌리가 되는
시기, 증오, 분노, 복수심 등을 미워하시며,[5]
이 모든 것들을
살인으로 여기신다고 가르칩니다.[6]

107문 : 앞에서 말한 방식으로 우리 이웃을 죽이지 않으면,
그것으로 이 계명을 다 지킨 것입니까?

답 : 아닙니다.
하나님께서는
시기와 증오와 분노를 정죄하심으로써
우리가 우리 이웃을 자기 자신처럼 사랑하여,[7]
인내와 화평과 온유와 자비와 친절을 보이고,[8]
우리가 할 수 있는 한
그들을 해악으로부터 보호하며,
심지어 원수에게도 선을 행하라고 하셨습니다.[9]

1 **창** 9:6

무릇 사람의 피를 흘리면 사람이 그 피를 흘릴 것이니 이는 하나님이 자기 형상대로 사람을 지었음이니라.

마 5:21-22

옛사람에게 말한 바 살인치 말라. 누구든지 살인하면 심판을 받게 되리라 하였다는 것을 너희가 들었으나 [22]나는 너희에게 이르노니 형제에게 노하는 자마다 심판을 받게 되고 형제를 대하여 라가라 하는 자는 공회에 잡히게 되고 미련한 놈이라 하는 자는 지옥 불에 들어가게 되리라.

마 26:52

이에 예수께서 이르시되 네 검을 도로 집에 꽂으라. 검을 가지는 자는 다 검으로 망하느니라.

2 **잠** 25:21-22

네 원수가 배고파하거든 식물을 먹이고 목말라하거든 물을 마시우라. [22]그리하는 것은 핀 숯으로 그의 머리에 놓는 것과 일반이요 여호와께서는 네게 상을 주시리라.

마 18:35

너희가 각각 중심으로 형제를 용서하지 아니하면 내 천부께서도 너희에게 이와 같이 하시리라.

롬 12:19

내 사랑하는 자들아 너희가 친히 원수를 갚지 말고 진노하심에 맡기라. 기록되었으되 원수 갚는 것이 내게 있으니 내가 갚으리라고 주께서 말씀하시니라.

엡 4:26

분을 내어도 죄를 짓지 말며 해가 지도록 분을 품지 말고.

3 **마** 4:7

예수께서 이르시되 또 기록되었으되 주 너의 하나님을 시험치 말라 하였느니라 하신대.

골 2:23

이런 것들은 자의적(自意的) 숭배와 겸손과 몸을 괴롭게 하는 데 지혜 있는 모양이나 오직 육체 좇는 것을 금하는 데는 유익이 조금도 없느니라.

4 **창** 9:6

무릇 사람의 피를 흘리면 사람이 그 피를 흘릴 것이니 이는 하나님이 자기 형상대로 사람을 지었음이니라.

출 21:14

사람이 그 이웃을 짐짓 모살(謀殺)하였으면 너는 그를 내 단에서라도 잡아 내려 죽일지니라.

롬 13:4

그는 하나님의 사자가 되어 네게 선을 이루는 자니라. 그러나 네가 악을 행하거든 두려워하라. 그가 공연히 칼을 가지지 아니하였으니 곧 하나님의 사자가 되어 악을 행하는 자에게 진노하심을 위하여 보응하는 자니라.

5 **시** 37:8

분을 그치고 노를 버리라. 불평하여 말라. 행악

에 치우칠 뿐이라.

잠 14:30

마음의 화평은 육신의 생명이나 시기는 뼈의 썩음이니라.

롬 1:29

곧 모든 불의, 추악, 탐욕, 악의가 가득한 자요 시기, 살인, 분쟁, 사기, 악독이 가득한 자요 수군수군하는 자요.

갈 5:19-21

육체의 일은 현저하니 곧 음행과 더러운 것과 호색과 [20]우상 숭배와 술수와 원수를 맺는 것과 분쟁과 시기와 분 냄과 당 짓는 것과 분리함과 이단과 [21]투기와 술 취함과 방탕함과 또 그와 같은 것들이라. 전에 너희에게 경계한 것같이 경계하노니 이런 일을 하는 자들은 하나님의 나라를 유업으로 받지 못할 것이요.

약 1:20

사람의 성내는 것이 하나님의 의를 이루지 못함이니라.

요일 2:9-11

빛 가운데 있다 하며 그 형제를 미워하는 자는 지금까지 어두운 가운데 있는 자요 [10]그의 형제를 사랑하는 자는 빛 가운데 거하여 자기 속에 거리낌이 없으나 [11]그의 형제를 미워하는 자는 어두운 가운데 있고 또 어두운 가운데 행하며 갈 곳을 알지 못하나니 이는 어두움이 그의 눈을 멀게 하였음이니라.

6 **요일** 3:15

그 형제를 미워하는 자마다 살인하는 자니 살인하는 자마다 영생이 그 속에 거하지 아니하는 것을 너희가 아는 바라.

7 **마** 7:12

그러므로 무엇이든지 남에게 대접을 받고자 하는 대로 너희도 남을 대접하라. 이것이 율법이요 선지자니라.

마 22:39

둘째는 그와 같으니 네 이웃을 네 몸과 같이 사랑하라 하셨으니.

롬 12:10

형제를 사랑하여 서로 우애하고 존경하기를 서로 먼저 하며.

8 **마** 5:5, 7

온유한 자는 복이 있나니 저희가 땅을 기업으로 받을 것임이요 [7]긍휼히 여기는 자는 복이 있나니 저희가 긍휼히 여김을 받을 것임이요.

눅 6:36

너희 아버지의 자비하심같이 너희도 자비하라.

롬 12:18

할 수 있거든 너희로서는 모든 사람으로 더불어 평화하라.

갈 5:22-23

오직 성령의 열매는 사랑과 희락과 화평과 오래 참음과 자비와 양선(良善)과 충성과 [23]온유와 절제니 이 같은 것을 금지할 법이 없느니라.

갈 6:1-2

형제들아 사람이 만일 무슨 범죄한 일이 드러나거든 신령한 너희는 온유한 심령으로 그러한 자를 바로잡고 네 자신을 돌아보아 너도 시험을 받을까 두려워하라. [2]너희가 짐을 서로 지라. 그리하여 그리스도의 법을 성취하라.

엡 4:1-3

그러므로 주 안에서 갇힌 내가 너희를 권하노니 너희가 부르심을 입은 부름에 합당하게 행하여 [2]모든 겸손과 온유로 하고 오래 참음으로 사랑 가운데서 서로 용납하고 [3]평안의 매는 줄로 성령의 하나 되게 하신 것을 힘써 지키라.

골 3:12

그러므로 너희는 하나님의 택하신 거룩하고 사랑하신 자처럼 긍휼과 자비와 겸손과 온유와 오래 참음을 옷 입고.

벧전 3:8

마지막으로 말하노니 너희가 다 마음을 같이 하여 체휼(體恤)하며 형제를 사랑하며 불쌍히 여기며 겸손하며.

9 **출** 23:5

네가 만일 너를 미워하는 자의 나귀가 짐을 싣고 엎드러짐을 보거든 삼가 버려두지 말고 그를 도와 그 짐을 부리울지니라.

마 5:44-45

나는 너희에게 이르노니 너희 원수를 사랑하며 너희를 핍박하는 자를 위하여 기도하라. [45]이같이 한즉 하늘에 계신 너희 아버지의 아들이 되리니 이는 하나님이 그 해를 악인과 선인에게 비취게 하시며 비를 의로운 자와 불의한 자에게 내리우심이니라.

롬 12:20-21

네 원수가 주리거든 먹이고 목마르거든 마시우라. 그리함으로 네가 숯불을 그 머리에 쌓아 놓으리라. [21]악에게 지지 말고 선으로 악을 이기라.

제41주일

108문 : 제7계명에서
하나님께서 원하시는 것은 무엇입니까?

답 : 모든 부정(不貞)은
하나님의 저주 아래 있습니다.[1]
따라서 거룩한 혼인의 관계에 있든지
독신으로 있든지,[2]
우리는 어떤 부정이라도
마음으로부터 미워하고,
순결하고 단정한 생활을 해야 합니다.[3]

109문 : 하나님께서는 이 계명에서 간음,
또는 그와 같은 부끄러운 죄만을 금하십니까?

답 : 우리의 몸과 영혼이 모두 성신의 전(殿)이기 때문에
우리가 몸과 영혼을
순결하고 거룩하게 지키기를 원하십니다.[4]
그렇기에 하나님께서는
모든 부정한 행동이나 몸짓,
말이나 생각이나 욕망,[5]
또한 그리로 유혹하는 모든 것을 금하십니다.[6]

1 **레 18:27-29**
너희의 전에 있던 그 땅 거민이 이 모든 가증한 일을 행하였고 그 땅도 더러워졌느니라. [28]너희도 더럽히면 그 땅이 너희 있기 전 거민을 토함같이 너희를 토할까 하노라. [29]무릇 이 가증한 일을 하나라도 행하는 자는 그 백성 중에서 끊쳐지리라.

엡 5:5
너희도 이것을 정녕히 알거니와 음행하는 자나 더러운 자나 탐하는 자 곧 우상 숭배자는 다 그리스도와 하나님 나라에서 기업을 얻지 못하리니.

2 **말** 2:16

이스라엘의 하나님 여호와가 이르노니 나는 이혼하는 것과 학대로 옷을 가리우는 자를 미워하노라. 만군의 여호와의 말이니라. 그러므로 너희 심령을 삼가 지켜 궤사(詭詐)를 행치 말지니라.

마 19:9

내가 너희에게 말하노니 누구든지 음행한 연고 외에 아내를 내어 버리고 다른 데 장가드는 자는 간음함이니라.

고전 7:10-11

혼인한 자들에게 내가 명하노니 (명하는 자는 내가 아니요 주시라) 여자는 남편에게서 갈리지 말고 [11](만일 갈릴지라도 그냥 지내든지 다시 그 남편과 화합하든지 하라) 남편도 아내를 버리지 말라.

히 13:4

모든 사람은 혼인을 귀히 여기고 침소를 더럽히지 않게 하라. 음행하는 자들과 간음하는 자들을 하나님이 심판하시리라.

3 **살전** 4:3-5

하나님의 뜻은 이것이니 너희의 거룩함이라. 곧 음란을 버리고 [4]각각 거룩함과 존귀함으로 자기의 아내 취할 줄을 알고 [5]하나님을 모르는 이방인과 같이 색욕을 좇지 말고.

유 23

또 어떤 자를 불에서 끌어내어 구원하라. 또 어떤 자를 그 육체로 더럽힌 옷이라도 싫어하여 두려움으로 긍휼히 여기라.

4 **고전** 6:18-20

음행을 피하라. 사람이 범하는 죄마다 몸 밖에 있거니와 음행하는 자는 자기 몸에게 죄를 범하느니라. [19]너희 몸은 너희가 하나님께로부터 받은 바 너희 가운데 계신 성령의 전(殿)인 줄을 알지 못하느냐? 너희는 너희의 것이 아니라 [20]값으로 산 것이 되었으니 그런즉 너희 몸으로 하나님께 영광을 돌리라.

5 **신** 22:20-29

그 일이 참되어 그 처녀에게 처녀인 표적이 없거든 [21]처녀를 그 아비 집 문에서 끌어내고 그 성읍 사람들이 그를 돌로 쳐 죽일지니 이는 그가 그 아비 집에서 창기(娼妓)의 행동을 하여 이스라엘 중에서 악을 행하였음이라. 너는 이와 같이 하여 너의 중에 악을 제할지니라. [22]남자가 유부녀와 통간함을 보거든 그 통간한 남자와 그 여자를 둘 다 죽여 이스라엘 중에 악을 제할지니라. [23]처녀인 여자가 남자와 약혼한 후에 어떤 남자가 그를 성읍 중에서 만나 통간하면 [24]너희는 그들을 둘 다 성읍 문으로 끌어내고 그들을 돌로 쳐 죽일 것이니 그 처녀는 성읍 중에 있어서도 소리 지르지 아니하였음이요 그 남자는 그 이웃의 아내를 욕보였음이라. 너는 이같이 하여 너의 중에 악을 제할지니라. [25]만일 남자가 어떤 약혼한 처녀를 들에서 만나서 강간하였거든 그 강간한 남자만 죽일 것이요 [26]처녀에게는 아무것도 행치 말 것은 처녀에게는 죽일 죄가 없음이라. 이 일은 사람이 일어나 그 이웃을 쳐 죽인 것과 일반이라. [27]남자가 처녀를 들에서 만난 까닭에 그 약혼한 처녀가 소리 질러도 구원할 자가 없었음이니라. [28]만일 남자가 어떤 약혼하지 아니한 처녀를 만나 그를 붙들고 통간하는 중 그 두 사람이 발견되거든 [29]그 통간한 남자는 그 처녀의 아비에게 은 오십 세겔을 주고 그 처녀로 아내를 삼을 것이라. 그가 그 처녀를 욕보였은즉 평생에 그를 버리지 못하리라.

마 5:27-28

또 간음치 말라 하였다는 것을 너희가 들었으나 [28]나는 너희에게 이르노니 여자를 보고 음욕을 품는 자마다 마음에 이미 간음하였느니라.

엡 5:3-4

음행과 온갖 더러운 것과 탐욕은 너희 중에서 그 이름이라도 부르지 말라. 이는 성도의 마땅한 바니라. [4]누추함과 어리석은 말이나 희롱의 말이 마땅치 아니하니 돌이켜 감사하는 말을 하라.

6 **고전** 15:33

속지 말라. 악한 동무들은 선한 행실을 더럽히나니.

엡 5:18

술 취하지 말라. 이는 방탕한 것이니 오직 성령의 충만을 받으라.

제42주일

110문 : 제8계명에서
하나님께서 금하신 것은 무엇입니까?

답 : 하나님께서는
국가가 법으로 처벌하는 도둑질과[1] 강도질만을[2]
금하신 것이 아니고,
이웃의 소유를 자기의 것으로 삼으려고 시도하는
모든 속임수와 간계를
도둑질이라고 말씀하십니다.[3]
이런 것들은 폭력으로
혹은 합법성을 가장하고서 일어날 수 있는데
곧 거짓 저울이나 자나 되,[4]
부정품, 위조 화폐와 고리대금과 같은 일,
기타 하나님께서 금하신 일들입니다.[5]
하나님께서는 또한
모든 탐욕을 금하시고,[6]
그의 선물들이 조금이라도 잘못 사용되거나
낭비되는 것을 금하십니다.[7]

111문 : 이 계명에서
하나님께서 원하시는 것은 무엇입니까?

답 : 내가 할 수 있고 해도 좋을 경우에는
나의 이웃의 유익을 증진시키며,
내가 남에게 대접을 받고 싶은 대로
이웃에게 행하고,[8]
더 나아가

어려운 가운데 있는 가난한 사람을 도울 수 있도록 성실하게 일해야 합니다.[9]

1 **출** 22:1

사람이 소나 양을 도적질하여 잡거나 팔면 그는 소 하나에 소 다섯으로 갚고 양 하나에 양 넷으로 갚을지니라.

고전 6:10

도적이나 탐람(貪婪)하는 자나 술 취하는 자나 후욕(詬辱)하는 자나 토색(討索)하는 자들은 하나님의 나라를 유업으로 받지 못하리라.

2 **레** 19:13

너는 네 이웃을 압제하지 말며 늑탈(勒奪)하지 말며 품군의 삯을 아침까지 밤새도록 네게 두지 말며.

3 **눅** 3:14

군병들도 물어 가로되 우리는 무엇을 하리이까 하매 가로되 사람에게 강포하지 말며 무소(誣訴)하지 말고 받는 요(料)를 족한 줄로 알라 하니라.

고전 5:10

이 말은 이 세상의 음행하는 자들이나 탐하는 자들과 토색(討索)하는 자들이나 우상 숭배하는 자들을 도무지 사귀지 말라 하는 것이 아니니 만일 그리하려면 세상 밖으로 나가야 할 것이라.

4 **신** 25:13-15

너는 주머니에 같지 않은 저울추 곧 큰 것과 작은 것을 넣지 말 것이며 [14]네 집에 같지 않은 되 곧 큰 것과 작은 것을 두지 말 것이요 [15]오직 십분 공정한 저울추를 두며 십분 공정한 되를 둘 것이라. 그리하면 네 하나님 여호와께서 네게 주시는 땅에서 네 날이 장구하리라.

잠 11:1

속이는 저울은 여호와께서 미워하셔도 공평한 추는 그가 기뻐하시느니라.

잠 16:11

공평한 간칭(桿稱)과 명칭(皿稱)은 여호와의 것이요 주머니 속의 추(錘)돌들도 다 그의 지으신 것이니라.

겔 45:9-10

나 주 여호와가 말하노라. 이스라엘의 치리자들아 너희에게 족하니라. 너희는 강포와 겁탈을 제하여 버리고 공평과 공의를 행하여 내 백성에게 토색(討索)함을 그칠지니라. 나 주 여호와의 말이니라. [10]너희는 공평한 저울과 공평한 에바와 공평한 밧을 쓸지니.

5 **시** 15:5

변리(邊利)로 대금(貸金)치 아니하며 뇌물을 받고 무죄한 자를 해치 아니하는 자니 이런 일을 행하는 자는 영영히 요동치 아니하리이다.

눅 6:35

오직 너희는 원수를 사랑하고 선대하며 아무것도 바라지 말고 빌리라. 그리하면 너희 상이 클 것이요 또 지극히 높으신 이의 아들이 되리니 그는 은혜를 모르는 자와 악한 자에게도 인자로우시니라.

6 **눅** 12:15

저희에게 이르시되 삼가 모든 탐심을 물리치라. 사람의 생명이 그 소유의 넉넉한 데 있지 아니하니라 하시고.

엡 5:5

너희도 이것을 정녕히 알거니와 음행하는 자나 더러운 자나 탐하는 자 곧 우상 숭배자는 다 그리스도와 하나님 나라에서 기업을 얻지 못하리니.

7 **잠** 21:20

지혜 있는 자의 집에는 귀한 보배와 기름이 있으나 미련한 자는 이것을 다 삼켜 버리느니라.

잠 23:20-21

술을 즐겨 하는 자와 고기를 탐하는 자로 더불어 사귀지 말라. [21]술 취하고 탐식하는 자는 가난하여질 것이요 잠자기를 즐겨 하는 자는 해어진 옷을 입을 것임이니라.

눅 16:10-13

지극히 작은 것에 충성된 자는 큰 것에도 충성
되고 지극히 작은 것에 불의한 자는 큰 것에도 불
의하니라. 11너희가 만일 불의한 재물에 충성치
아니하면 누가 참된 것으로 너희에게 맡기겠느
냐? 12너희가 만일 남의 것에 충성치 아니하면 누
가 너희의 것을 너희에게 주겠느냐? 13집 하인이
두 주인을 섬길 수 없나니 혹 이를 미워하고 저를
사랑하거나 혹 이를 중히 여기고 저를 경히 여길
것임이니라. 너희가 하나님과 재물을 겸하여 섬
길 수 없느니라.

8 **마 7:12**

그러므로 무엇이든지 남에게 대접을 받고자 하
는 대로 너희도 남을 대접하라. 이것이 율법이요
선지자니라.

9 **사 58:5-11**

이것이 어찌 나의 기뻐하는 금식이 되겠으며
이것이 어찌 사람이 그 마음을 괴롭게 하는 날이
되겠느냐? 그 머리를 갈대같이 숙이고 굵은 베와
재를 펴는 것을 어찌 금식이라 하겠으며 여호와
께 열납(悅納)될 날이라 하겠느냐? 6나의 기뻐하
는 금식은 흉악의 결박을 풀어 주며 멍에의 줄을
끌러 주며 압제당하는 자를 자유케 하며 모든 멍
에를 꺾는 것이 아니겠느냐? 7또 주린 자에게 네
식물을 나눠 주며 유리하는 빈민을 네 집에 들이
며 벗은 자를 보면 입히며 또 네 골육을 피하여 스
스로 숨지 아니하는 것이 아니겠느냐? 8그리하면
네 빛이 아침같이 비췰 것이며 네 치료가 급속할
것이며 네 의가 네 앞에 행하고 여호와의 영광이
네 뒤에 호위하리니 9네가 부를 때에는 나 여호와
가 응답하겠고 네가 부르짖을 때에는 말하기를
내가 여기 있다 하리라. 만일 네가 너희 중에서 멍
에와 손가락질과 허망한 말을 제하여 버리고 10주
린 자에게 네 심정을 동하며 괴로와하는 자의 마
음을 만족케 하면 네 빛이 흑암 중에서 발하여 네
어두움이 낮과 같이 될 것이며 11나 여호와가 너
를 항상 인도하여 마른 곳에서도 네 영혼을 만족
케 하며 네 뼈를 견고케 하리니 너는 물 댄 동산
같겠고 물이 끊어지지 아니하는 샘 같을 것이라.

갈 6:9-10

우리가 선을 행하되 낙심하지 말지니 피곤하지
아니하면 때가 이르매 거두리라. 10그러므로 우리
는 기회 있는 대로 모든 이에게 착한 일을 하되 더
욱 믿음의 가정들에게 할지니라.

엡 4:28

도적질하는 자는 다시 도적질하지 말고 돌이켜
빈궁한 자에게 구제할 것이 있기 위하여 제 손으
로 수고하여 선한 일을 하라.

제43주일

112문 : 제9계명에서
하나님께서 원하시는 것은 무엇입니까?

답 : 내가 어느 누구에게도
거짓 증언을 하지 않고,[1]
다른 사람의 말을 왜곡하지 않고,[2]
뒤에서 헐뜯거나 중상(中傷)하지 않으며,[3]
어떤 사람의 말을 들어보지 않고
성급히 정죄하지 않으며,
다른 사람이 성급히 정죄하는 데에도
참여하지 않기를 원하십니다.[4]
오히려 하나님의 무서운 진노를 당하지 않기 위해[5]
본질적으로 마귀의 일인
모든 거짓과 속이는 일을 피해야 합니다.[6]
법정에서나 기타 다른 경우에도
나는 진리를 사랑하고
정직하게 진실을 말하고 고백해야 하며,[7]
할 수 있는 대로
이웃의 명예와 평판(評判)을
보호하고 높여야 합니다.[8]

1 **잠 19:5, 9**
거짓 증인은 벌을 면치 못할 것이요 거짓말을 내는 자도 피치 못하리라. [9]거짓 증인은 벌을 면치 못할 것이요 거짓말을 내는 자는 망할 것이니라.

잠 21:28
거짓 증인은 패망하려니와 확실한 증인의 말은 힘이 있느니라.

2 **시 50:19-20**
네 입을 악에게 주고 네 혀로 궤사(詭詐)를 지으며 [20]앉아서 네 형제를 공박하며 네 어미의 아들을 비방하는도다.

3 **시** 15:3

그 혀로 참소치 아니하고 그 벗에게 행악지 아니하며 그 이웃을 훼방치 아니하며.

롬 1:30

비방하는 자요 하나님의 미워하시는 자요 능욕(凌辱)하는 자요 교만한 자요 자랑하는 자요 악을 도모하는 자요 부모를 거역하는 자요.

4 **마** 7:1-2

비판을 받지 아니하려거든 비판하지 말라. [2]너희의 비판하는 그 비판으로 너희가 비판을 받을 것이요 너희의 헤아리는 그 헤아림으로 너희가 헤아림을 받을 것이니라.

눅 6:37

비판치 말라 그리하면 너희가 비판을 받지 않을 것이요, 정죄하지 말라 그리하면 너희가 정죄를 받지 않을 것이요, 용서하라 그리하면 너희가 용서를 받을 것이요.

5 **레** 19:12

너희는 내 이름으로 거짓 맹세 함으로 네 하나님의 이름을 욕되게 하지 말라. 나는 여호와니라.

잠 12:22

거짓 입술은 여호와께 미움을 받아도 진실히 행하는 자는 그의 기뻐하심을 받느니라.

계 21:8

그러나 두려워하는 자들과 믿지 아니하는 자들과 흉악한 자들과 살인자들과 행음자들과 술객들과 우상 숭배자들과 모든 거짓말하는 자들은 불과 유황으로 타는 못에 참예하리니 이것이 둘째 사망이라.

6 **요** 8:44

너희는 너희 아비 마귀에게서 났으니 너희 아비의 욕심을 너희도 행하고자 하느니라. 저는 처음부터 살인한 자요 진리가 그 속에 없으므로 진리에 서지 못하고 거짓을 말할 때마다 제 것으로 말하나니 이는 저가 거짓말장이요 거짓의 아비가 되었음이니라.

7 **고전** 13:6

불의를 기뻐하지 아니하며 진리와 함께 기뻐하고.

엡 4:25

그런즉 거짓을 버리고 각각 그 이웃으로 더불어 참된 것을 말하라. 이는 우리가 서로 지체(肢體)가 됨이니라.

8 **삼상** 19:4-5

요나단이 그 아비 사울에게 다윗을 포장(褒奬)하여 가로되 원컨대 왕은 신하 다윗에게 범죄치 마옵소서. 그는 왕께 득죄하지 아니하였고 그가 왕께 행한 일은 심히 선함이니이다. [5]그가 자기 생명을 아끼지 아니하고 블레셋 사람을 죽였고 여호와께서는 온 이스라엘을 위하여 큰 구원을 이루셨으므로 왕이 이를 보고 기뻐하셨거늘 어찌 무고히 다윗을 죽여 무죄한 피를 흘려 범죄하려 하시나이까?

벧전 4:8

무엇보다도 열심으로 서로 사랑할지니 사랑은 허다한 죄를 덮느니라.

제44주일

113문 : 제10계명에서
하나님께서 원하시는 것은 무엇입니까?

답 : 하나님의 계명 어느 하나에라도 어긋나는
지극히 작은 욕망이나 생각을
조금도 마음에 품지 않는 것이고,
언제든지 우리 마음을 다하여
모든 죄를 미워하고
모든 의를 좋아하는 것입니다.[1]

114문 : 그런데 하나님께 돌아온 사람이
이 계명들을 완전히 지킬 수 있습니까?

답 : 아닙니다.
가장 거룩한 사람이라도
이 세상에 살 동안에는
이러한 순종을 겨우 시작했을 뿐입니다.[2]
그러나 그들은 굳은 결심으로
하나님의 일부 계명만이 아니라
모든 계명에 따라 살기 시작합니다.[3]

115문 : 이 세상에서는 아무도
십계명을 완전히 지킬 수 없는데
하나님께서는 왜 그렇게 엄격히
십계명을 설교하게 하십니까?

답 : 첫째, 평생 동안
우리의 죄악된 본성을 더욱더 알게 되고,[4]

그리하여 그리스도 안에서 사죄와 의로움을
더욱더 간절히 추구하도록 하기 위함입니다.[5]
둘째, 이 세상의 삶을 마치고
목적지인 완전에 이를 때까지,
하나님의 형상으로 더욱더 변화되기를
끊임없이 노력하고
하나님께 성신의 은혜를 구하기 위함입니다.[6]

1 **시** 19:14

나의 반석이시요, 나의 구속자(救贖者)이신 여호와여 내 입의 말과 마음의 묵상이 주의 앞에 열납(悅納)되기를 원하나이다.

시 139:23-24

하나님이여 나를 살피사 내 마음을 아시며 나를 시험하사 내 뜻을 아옵소서. [24]내게 무슨 악한 행위가 있나 보시고 나를 영원한 길로 인도하소서.

롬 7:7

그런즉 우리가 무슨 말 하리요? 율법이 죄냐? 그럴 수 없느니라. 율법으로 말미암지 않고는 내가 죄를 알지 못하였으니 곧 율법이 탐내지 말라 하지 아니하였더면 내가 탐심을 알지 못하였으리라.

2 **전** 7:20

선을 행하고 죄를 범치 아니하는 의인은 세상에 아주 없느니라.

롬 7:14-15

우리가 율법은 신령한 줄 알거니와 나는 육신에 속하여 죄 아래 팔렸도다. [15]나의 행하는 것을 내가 알지 못하노니 곧 원하는 이것은 행하지 아니하고 도리어 미워하는 그것을 함이라.

고전 13:9

우리가 부분적으로 알고 부분적으로 예언하니.

요일 1:8, 10

만일 우리가 죄 없다 하면 스스로 속이고 또 진리가 우리 속에 있지 아니할 것이요 [10]만일 우리가 범죄하지 아니하였다 하면 하나님을 거짓말하는 자로 만드는 것이니 또한 그의 말씀이 우리 속에 있지 아니하니라.

3 **시** 1:2

오직 여호와의 율법을 즐거워하여 그 율법을 주야로 묵상하는 자로다.

시 119:5-6, 106

내 길을 굳이 정하사 주의 율례를 지키게 하소서. [6]내가 주의 모든 계명에 주의할 때에는 부끄럽지 아니하리이다. [106]주의 의로운 규례를 지키기로 맹세하고 굳게 정하였나이다.

롬 7:22

내 속사람으로는 하나님의 법을 즐거워하되.

요일 2:3

우리가 그의 계명을 지키면 이로써 우리가 저를 아는 줄로 알 것이요.

4 **시** 32:5

내가 이르기를 내 허물을 여호와께 자복하리라 하고 주께 내 죄를 아뢰고 내 죄악을 숨기지 아니하였더니 곧 주께서 내 죄의 악을 사하셨나이다.

롬 3:20

그러므로 율법의 행위로 그의 앞에 의롭다 하심을 얻을 육체가 없나니 율법으로는 죄를 깨달음이니라.

요일 1:9

만일 우리가 우리 죄를 자백하면 저는 미쁘시고 의로우사 우리 죄를 사하시며 모든 불의에서 우리를 깨끗케 하실 것이요.

5 **마** 5:6

의에 주리고 목마른 자는 복이 있나니 저희가 배부를 것임이요.

롬 7:24-25

오호라 나는 곤고한 사람이로다! 이 사망의 몸에서 누가 나를 건져 내랴? [25]우리 주 예수 그리스도로 말미암아 하나님께 감사하리로다. 그런즉 내 자신이 마음으로는 하나님의 법을, 육신으로는 죄의 법을 섬기노라.

6 **고전** 9:24

운동장에서 달음질하는 자들이 다 달아날지라도 오직 상 얻는 자는 하나인 줄을 너희가 알지 못하느냐? 너희도 얻도록 이와 같이 달음질하라.

빌 3:12-14

내가 이미 얻었다 함도 아니요 온전히 이루었다 함도 아니라 오직 내가 그리스도 예수께 잡힌 바 된 그것을 잡으려고 좇아가노라. [13]형제들아 나는 아직 내가 잡은 줄로 여기지 아니하고 오직 한 일 즉 뒤에 있는 것은 잊어버리고 앞에 있는 것을 잡으려고 [14]푯대를 향하여 그리스도 예수 안에서 하나님이 위에서 부르신 부름의 상을 위하여 좇아가노라.

요일 3:2-3

사랑하는 자들아 우리가 지금은 하나님의 자녀라. 장래에 어떻게 될 것은 아직 나타나지 아니하였으나 그가 나타내심이 되면 우리가 그와 같을 줄을 아는 것은 그의 계신 그대로 볼 것을 인함이니 [3]주를 향하여 이 소망을 가진 자마다 그의 깨끗하심과 같이 자기를 깨끗하게 하느니라.

기도에 관하여

제45주일

116문 : 그리스도인에게 왜 기도가 필요합니까?

답 : 기도는 하나님께서 우리에게 요구하시는
감사의 가장 중요한 부분이며,[1]
또한 하나님께서는
그의 은혜와 성신을
오직 탄식하는 마음으로 쉬지 않고 구하고
그것에 대해 감사하는 사람에게만
주시기 때문입니다.[2]

117문 : 하나님께서 기뻐하시고 들으시는 기도는
어떠한 것입니까?

답 : 첫째, 그의 말씀에서 자신을 계시하신
유일하신 참하나님에게만[3]
그가 우리에게 구하라고 명하신 모든 것을[4]
마음을 다하여 기도합니다.[5]
둘째, 우리 자신의 부족과 비참함을
똑바로 철저히 깨달아
그의 엄위 앞에 겸손히 구합니다.[6]
셋째, 비록 우리는 받을 자격이 없는 자들이지만,
하나님께서 그의 말씀에서 약속하신 대로,[7]
우리 주 그리스도 때문에
우리의 기도를 분명히 들어주신다는

이 확실한 근거를[8]
우리는 가지고 있습니다.

118문 : 하나님께서는 그에게 무엇을 구하라고
우리에게 명하셨습니까?

답 : 영혼과 몸에 필요한 모든 것인데,[9]
그리스도 우리 주께서 친히 가르쳐 주신 기도에
그것들이 다 담겨 있습니다.

119문 : 주께서 가르쳐 주신 기도는 무엇입니까?

답 : 하늘에 계신 우리 아버지,
이름이 거룩히 여김을 받으시오며
나라이 임하옵시며
뜻이 하늘에서 이룬 것같이
땅에서도 이루어지이다.
오늘날 우리에게 일용할 양식을 주옵시고
우리가 우리에게 죄지은 자를 사하여 준 것같이
우리 죄를 사하여 주옵시고
우리를 시험에 들지 말게 하옵시며
다만 악에서 구하옵소서.
대개(大蓋) 나라와 권세와 영광이
아버지께 영원히 있사옵나이다. 아멘.[10]

1 **시 50:14-15**
감사로 하나님께 제사를 드리며 지극히 높으신 자에게 네 서원을 갚으며 [15]환난 날에 나를 부르라. 내가 너를 건지리니 네가 나를 영화롭게 하리로다.

살전 5:17-18
쉬지 말고 기도하라. [18]범사에 감사하라. 이는 그리스도 예수 안에서 너희를 향하신 하나님의 뜻이니라.

2 **마** 7:7-8

구하라 그러면 너희에게 주실 것이요, 찾으라 그러면 찾을 것이요, 문을 두드리라 그러면 너희에게 열릴 것이니 [8]구하는 이마다 얻을 것이요 찾는 이가 찾을 것이요 두드리는 이에게 열릴 것이니라.

눅 11:9-10, 13

내가 또 너희에게 이르노니 구하라 그러면 너희에게 주실 것이요, 찾으라 그러면 찾을 것이요, 문을 두드리라 그러면 너희에게 열릴 것이니 [10]구하는 이마다 받을 것이요 찾는 이가 찾을 것이요 두드리는 이에게 열릴 것이니라. [13]너희가 악할지라도 좋은 것을 자식에게 줄 줄 알거든 하물며 너희 천부께서 구하는 자에게 성령을 주시지 않겠느냐 하시니라.

3 **요** 4:22-24

너희는 알지 못하는 것을 예배하고 우리는 아는 것을 예배하노니 이는 구원이 유대인에게서 남이니라. [23]아버지께 참으로 예배하는 자들은 신령과 진정으로 예배할 때가 오나니 곧 이때라. 아버지께서는 이렇게 자기에게 예배하는 자들을 찾으시느니라. [24]하나님은 영이시니 예배하는 자가 신령과 진정으로 예배할지니라.

계 19:10

내가 그 발 앞에 엎드려 경배하려 하니 그가 나더러 말하기를 나는 너와 및 예수의 증거를 받은 네 형제들과 같이 된 종이니 삼가 그리하지 말고 오직 하나님께 경배하라. 예수의 증거는 대언(代言)의 영이라 하더라.

4 **잠** 28:9

사람이 귀를 돌이키고 율법을 듣지 아니하면 그의 기도도 가증하니라.

롬 8:26

이와 같이 성령도 우리 연약함을 도우시나니 우리가 마땅히 빌 바를 알지 못하나 오직 성령이 말할 수 없는 탄식으로 우리를 위하여 친히 간구하시느니라.

약 1:5

너희 중에 누구든지 지혜가 부족하거든 모든 사람에게 후히 주시고 꾸짖지 아니하시는 하나님께 구하라. 그리하면 주시리라.

요일 5:14

그를 향하여 우리의 가진 바 담대한 것이 이것이니 그의 뜻대로 무엇을 구하면 들으심이라.

5 **시** 145:18-20

여호와께서는 자기에게 간구하는 모든 자 곧 진실하게 간구하는 모든 자에게 가까이하시는도다. [19]저는 자기를 경외하는 자의 소원을 이루시며 또 저희 부르짖음을 들으사 구원하시리로다. [20]여호와께서 자기를 사랑하는 자는 다 보호하시고 악인은 다 멸하시리로다.

약 1:6-8

오직 믿음으로 구하고 조금도 의심하지 말라. 의심하는 자는 마치 바람에 밀려 요동하는 바다 물결 같으니 [7]이런 사람은 무엇이든지 주께 얻기를 생각하지 말라. [8]두 마음을 품어 모든 일에 정(定)함이 없는 자로다.

약 4:3, 8

구하여도 받지 못함은 정욕으로 쓰려고 잘못 구함이니라. [8]하나님을 가까이하라. 그리하면 너희를 가까이하시리라. 죄인들아 손을 깨끗이 하라. 두 마음을 품은 자들아 마음을 성결케 하라.

6 **대하** 7:14

내 이름으로 일컫는 내 백성이 그 악한 길에서 떠나 스스로 겸비하고 기도하여 내 얼굴을 구하면 내가 하늘에서 듣고 그 죄를 사하고 그 땅을 고칠지라.

대하 20:12

우리 하나님이여 저희를 징벌하지 아니하시나이까? 우리를 치러 오는 이 큰 무리를 우리가 대적할 능력이 없고 어떻게 할 줄도 알지 못하옵고 오직 주만 바라보나이다.

시 2:11

여호와를 경외함으로 섬기고 떨며 즐거워할지어다.

사 66:2

나 여호와가 말하노라. 나의 손이 이 모든 것을 지어서 다 이루었느니라. 무릇 마음이 가난하고 심령에 통회(痛悔)하며 나의 말을 인하여 떠는 자 그 사람은 내가 권고(眷顧)하려니와.

7 **시 27:8**

너희는 내 얼굴을 찾으라 하실 때에 내 마음이 주께 말하되 여호와여 내가 주의 얼굴을 찾으리이다 하였나이다.

마 7:8

구하는 이마다 얻을 것이요 찾는 이가 찾을 것이요 두드리는 이에게 열릴 것이니라.

8 **단 9:17-19**

그러하온즉 우리 하나님이여 지금 주의 종의 기도와 간구를 들으시고 주를 위하여 주의 얼굴빛을 주의 황폐한 성소에 비취시옵소서. [18]나의 하나님이여 귀를 기울여 들으시며 눈을 떠서 우리의 황폐된 상황과 주의 이름으로 일컫는 성을 보옵소서. 우리가 주의 앞에 간구하옵는 것은 우리의 의를 의지하여 하는 것이 아니요 주의 큰 긍휼을 의지하여 함이오니 [19]주여 들으소서. 주여 용서하소서. 주여 들으시고 행하소서. 지체치 마옵소서. 나의 하나님이여 주 자신을 위하여 하시옵소서. 이는 주의 성과 주의 백성이 주의 이름으로 일컫는 바 됨이니이다.

요 14:13-14

너희가 내 이름으로 무엇을 구하든지 내가 시행하리니 이는 아버지로 하여금 아들을 인하여 영광을 얻으시게 하려 함이라. [14]내 이름으로 무엇이든지 내게 구하면 내가 시행하리라.

요 15:16

너희가 나를 택한 것이 아니요 내가 너희를 택하여 세웠나니 이는 너희로 가서 과실을 맺게 하고 또 너희 과실이 항상 있게 하여 내 이름으로 아버지께 무엇을 구하든지 다 받게 하려 함이니라.

요 16:23

그날에는 너희가 아무것도 내게 묻지 아니하리라. 내가 진실로 진실로 너희에게 이르노니 너희가 무엇이든지 아버지께 구하는 것을 내 이름으로 주시리라.

엡 3:20-21

우리 가운데서 역사(役事)하시는 능력대로 우리의 온갖 구하는 것이나 생각하는 것에 더 넘치도록 능히 하실 이에게 [21]교회 안에서와 그리스도 예수 안에서 영광이 대대로 영원무궁하기를 원하노라. 아멘.

9 **마 6:33**

너희는 먼저 그의 나라와 그의 의를 구하라. 그리하면 이 모든 것을 너희에게 더하시리라.

빌 4:6

아무것도 염려하지 말고 오직 모든 일에 기도와 간구로 너희 구할 것을 감사함으로 하나님께 아뢰라.

약 1:17

각양 좋은 은사와 온전한 선물이 다 위로부터 빛들의 아버지께로서 내려오나니 그는 변함도 없으시고 회전하는 그림자도 없으시니라.

10 **마 6:9-13**

그러므로 너희는 이렇게 기도하라. 하늘에 계신 우리 아버지여 이름이 거룩히 여김을 받으시오며 [10]나라이 임하옵시며 뜻이 하늘에서 이룬 것같이 땅에서도 이루어지이다. [11]오늘날 우리에게 일용할 양식을 주옵시고 [12]우리가 우리에게 죄지은 자를 사하여 준 것같이 우리 죄를 사하여 주옵시고 [13]우리를 시험에 들게 하지 마옵시고 다만 악에서 구하옵소서. (나라와 권세와 영광이 아버지께 영원히 있사옵나이다. 아멘.)

눅 11:2-4

예수께서 이르시되 너희는 기도할 때에 이렇게 하라. 아버지여 이름이 거룩히 여김을 받으시오며 나라이 임하옵시며 [3]우리에게 날마다 일용할 양식을 주옵시고 [4]우리가 우리에게 죄지은 모든 사람을 용서하오니 우리 죄도 사하여 주옵시고 우리를 시험에 들게 하지 마옵소서 하라.

제46주일

120문 : 그리스도께서는 왜 하나님을
"우리 아버지"로 부르라 명하셨습니까?

답 : 그리스도께서는 기도의 첫머리에서부터
우리 마음에
하나님에 대하여 어린아이와 같은 공경심과 신뢰를
불러일으키기를 원하셨는데,
이것이 우리의 기도의 기초입니다.
하나님께서는
그리스도로 말미암아
우리 아버지가 되셨으며,[1]
우리가 믿음으로 구하는 것에 대해서는
우리 부모가 땅의 좋은 것들을
거절하지 않는 것보다
훨씬 더 거절하지 않으실 것입니다.[2]

121문 : "하늘에 계신"이라는 말이 왜 덧붙여졌습니까?

답 : 하나님의 천상(天上)의 위엄을
땅의 것으로 생각지 않고,[3]
그의 전능하신 능력으로부터
우리의 몸과 영혼에 필요한 모든 것을
기대하도록 하기 위함입니다.[4]

1 **사 63:16**
주는 우리 아버지시라. 아브라함은 우리를 모르고 이스라엘은 우리를 인정치 아니할지라도 여호와여 주는 우리의 아버지시라. 상고(上古)부터 주의 이름을 우리의 구속자(救贖者)라 하셨거늘.

요 20:17

예수께서 이르시되 나를 만지지 말라. 내가 아직 아버지께로 올라가지 못하였노라. 너는 내 형제들에게 가서 이르되 내가 내 아버지 곧 너희 아버지, 내 하나님 곧 너희 하나님께로 올라간다 하라 하신대.

갈 4:6

너희가 아들인고로 하나님이 그 아들의 영을 우리 마음 가운데 보내사 아바 아버지라 부르게 하셨느니라.

2 **마** 7:9-11

너희 중에 누가 아들이 떡을 달라 하면 돌을 주며 [10]생선을 달라 하면 뱀을 줄 사람이 있겠느냐? [11]너희가 악한 자라도 좋은 것으로 자식에게 줄 줄 알거든 하물며 하늘에 계신 너희 아버지께서 구하는 자에게 좋은 것으로 주시지 않겠느냐?

눅 11:11-13

너희 중에 아비 된 자 누가 아들이 생선을 달라 하면 생선 대신에 뱀을 주며 [12]알을 달라 하면 전갈을 주겠느냐? [13]너희가 악할지라도 좋은 것을 자식에게 줄 줄 알거든 하물며 너희 천부께서 구하는 자에게 성령을 주시지 않겠느냐 하시니라.

3 **대하** 6:18-19

하나님이 참으로 사람과 함께 땅에 거하시리이까? 하늘과 하늘들의 하늘이라도 주를 용납지 못하겠거든 하물며 내가 건축한 이 전(殿)이오리이까? [19]그러나 나의 하나님 여호와여 종의 기도와 간구를 돌아보시며 종이 주의 앞에서 부르짖음과 비는 기도를 들으시옵소서.

렘 23:23-24

나 여호와가 말하노라. 나는 가까운 데 하나님이요 먼 데 하나님은 아니냐? [24]나 여호와가 말하노라. 사람이 내게 보이지 아니하려고 누가 자기를 은밀한 곳에 숨길 수 있겠느냐? 나 여호와가 말하노라. 나는 천지에 충만하지 아니하냐?

행 17:24-25

우주와 그 가운데 있는 만유를 지으신 신께서는 천지의 주재시니 손으로 지은 전에 계시지 아니하시고 [25]또 무엇이 부족한 것처럼 사람의 손으로 섬김을 받으시는 것이 아니니 이는 만민에게 생명과 호흡과 만물을 친히 주시는 자이심이라.

4 **롬** 8:31-32

그런즉 이 일에 대하여 우리가 무슨 말 하리요? 만일 하나님이 우리를 위하시면 누가 우리를 대적하리요? [32]자기 아들을 아끼지 아니하시고 우리 모든 사람을 위하여 내어 주신 이가 어찌 그 아들과 함께 모든 것을 우리에게 은사로 주지 아니하시겠느뇨?

제47주일

122문 : 첫째 간구는 무엇입니까?

답 : "이름이 거룩히 여김을 받으시옵소서"로,
이러한 간구입니다.
"무엇보다도 먼저 우리로 하여금
주님을 바르게 알게 하여 주옵시며,[1]
주께서 행하시는 모든 일에서
주님을 거룩히 여기고
경배하고 찬송하게 하옵소서.[2]
주께서 행하시는 일에는
주님의 전능과 지혜와 선하심과
의와 자비와 진리가 환히 빛나옵나이다.[3]
또한 우리의 모든 삶을 지도하시고
우리의 생각과 말과 행동을 주장하셔서,
주님의 이름이
우리 때문에 더럽혀지지 않고
오히려 영예롭게 되고 찬양을 받게 하옵소서."[4]

1 **시** 119:105

주의 말씀은 내 발에 등이요 내 길에 빛이니이다.

렘 9:24

자랑하는 자는 이것으로 자랑할지니 곧 명철하여 나를 아는 것과 나 여호와는 인애와 공평과 정직을 땅에 행하는 자인 줄 깨닫는 것이라. 나는 이 일을 기뻐하노라. 여호와의 말이니라.

렘 31:33-34

나 여호와가 말하노라. 그러나 그날 후에 내가 이스라엘 집에 세울 언약은 이러하니 곧 내가 나의 법을 그들의 속에 두며 그 마음에 기록하여 나는 그들의 하나님이 되고 그들은 내 백성이 될 것이라. [34]그들이 다시는 각기 이웃과 형제를 가리켜 이르기를 너는 여호와를 알라 하지 아니하리니 이는 작은 자로부터 큰 자까지 다 나를 앎이니라. 내가 그들의 죄악을 사하고 다시는 그 죄를 기억지 아니하리라. 여호와의 말이니라.

마 16:17

예수께서 대답하여 가라사대 바요나 시몬아 네가 복이 있도다. 이를 네게 알게 한 이는 혈육이 아니요 하늘에 계신 내 아버지시니라.

요 17:3

영생은 곧 유일하신 참 하나님과 그의 보내신 자 예수 그리스도를 아는 것이니이다.

약 1:5

너희 중에 누구든지 지혜가 부족하거든 모든 사람에게 후히 주시고 꾸짖지 아니하시는 하나님께 구하라. 그리하면 주시리라.

2 **눅 1:46-55**

마리아가 가로되 내 영혼이 주를 찬양하며 [47]내 마음이 하나님 내 구주를 기뻐하였음은 [48]그 계집 종의 비천함을 돌아보셨음이라. 보라 이제 후로는 만세에 나를 복이 있다 일컬으리로다. [49]능하신 이가 큰일을 내게 행하셨으니 그 이름이 거룩하시며 [50]긍휼하심이 두려워하는 자에게 대대로 이르는도다. [51]그의 팔로 힘을 보이사 마음의 생각이 교만한 자들을 흩으셨고 [52]권세 있는 자를 그 위에서 내리치셨으며 비천한 자를 높이셨고 [53]주리는 자를 좋은 것으로 배불리셨으며 부자를 공수(空手)로 보내셨도다. [54]그 종 이스라엘을 도우사 긍휼히 여기시고 기억하시되 [55]우리 조상에게 말씀하신 것과 같이 아브라함과 및 그 자손에게 영원히 하시리로다 하니라.

눅 1:68-69

찬송하리로다 주 이스라엘의 하나님이여 그 백성을 돌아보사 속량(贖良)하시며 [69]우리를 위하여 구원의 뿔을 그 종 다윗의 집에 일으키셨으니.

롬 11:33

깊도다 하나님의 지혜와 지식의 부요함이여, 그의 판단은 측량치 못할 것이며 그의 길은 찾지 못할 것이로다.

3 **출 34:6-7**

여호와께서 그의 앞으로 지나시며 반포하시되 여호와로라 여호와로라. 자비롭고 은혜롭고 노하기를 더디 하고 인자와 진실이 많은 하나님이로라. [7]인자를 천 대까지 베풀며 악과 과실과 죄를 용서하나 형벌받을 자는 결단코 면죄하지 않고 아비의 악을 자여손(子與孫) 삼사 대까지 보응하리라.

시 119:137-138

여호와여 주는 의로우시고 주의 판단은 정직하시니이다. [138]주의 명하신 증거는 의롭고 지극히 성실하도소이다.

시 145:8-9

여호와는 은혜로우시며 자비하시며 노하기를 더디 하시며 인자하심이 크시도다. [9]여호와께서는 만유를 선대하시며 그 지으신 모든 것에 긍휼을 베푸시는도다.

렘 31:3

나 여호와가 옛적에 이스라엘에게 나타나 이르기를 내가 무궁한 사랑으로 너를 사랑하는 고로 인자함으로 너를 인도하였다 하였노라.

렘 32:18-19

주는 은혜를 천만인에게 베푸시며 아비의 죄악을 그 후 자손의 품에 갚으시오니 크고 능하신 하나님이시요 이름은 만군의 여호와시니이다. [19]주는 모략에 크시며 행사에 능하시며 인류의 모든 길에 주목하시며 그 길과 그 행위의 열매대로 보응하시나이다.

마 19:17

예수께서 가라사대 어찌하여 선한 일을 내게 묻느냐? 선한 이는 오직 한 분이시니라. 네가 생명에 들어가려면 계명들을 지키라.

롬 3:3-4

어떤 자들이 믿지 아니하였으면 어찌하리요? 그 믿지 아니함이 하나님의 미쁘심을 폐하겠느뇨? [4]그럴 수 없느니라. 사람은 다 거짓되되 오직 하나님은 참되시다 할지어다. 기록된 바 주께서 주의 말씀에 의롭다 함을 얻으시고 판단받으실 때에 이기려 하심이라 함과 같으니라.

롬 11:22-23

그러므로 하나님의 인자와 엄위를 보라. 넘어지는 자들에게는 엄위가 있으니 너희가 만일 하나님의 인자에 거하면 그 인자가 너희에게 있으리라. 그렇지 않으면 너도 찍히는 바 되리라. [23]저희도 믿지 아니하는 데 거하지 아니하면 접붙임을 얻으리니 이는 저희를 접붙이실 능력이 하나님께 있음이라.

4 **시 71:8**

주를 찬송함과 주를 존숭함이 종일토록 내 입

에 가득하리이다.

시 115:1

여호와여 영광을 우리에게 돌리지 마옵소서. 우리에게 돌리지 마옵소서. 오직 주의 인자하심과 진실하심을 인하여 주의 이름에 돌리소서.

마 5:16

이같이 너희 빛을 사람 앞에 비취게 하여 저희로 너희 착한 행실을 보고 하늘에 계신 너희 아버지께 영광을 돌리게 하라.

제48주일

123문 : 둘째 간구는 무엇입니까?

답 : "나라이 임하옵소서" 로,
이러한 간구입니다.
"주님의 말씀과 성신으로 우리를 통치하시사
우리가 점점 더 주님께 순종하게 하옵소서.[1]
주님의 교회를 보존하시고
흥왕케 하옵시며,[2]
마귀의 일들과
주님께 대항하여 스스로를 높이는 모든 세력들,
그리고 주님의 거룩한 말씀에 반대하는
모든 악한 의논들을
멸하여 주옵소서.[3]
주님의 나라가 온전히 이루어져
주께서 만유의 주가 되실 때까지 그리하옵소서."[4]

1 **시 119:5**
내 길을 굳이 정하사 주의 율례를 지키게 하소서.

시 143:10
주는 나의 하나님이시니 나를 가르쳐 주의 뜻을 행케 하소서. 주의 신이 선하시니 나를 공평한 땅에 인도하소서.

사 59:21
여호와께서 또 가라사대 내가 그들과 세운 나의 언약이 이러하니 곧 네 위에 있는 나의 신과 네 입에 둔 나의 말이 이제부터 영영토록 네 입에서와 네 후손의 입에서와 네 후손의 후손의 입에서 떠나지 아니하리라 하시니라. 여호와의 말씀이니라.

마 6:33
너희는 먼저 그의 나라와 그의 의를 구하라. 그리하면 이 모든 것을 너희에게 더하시리라.

2 **시 51:18**
주의 은택으로 시온에 선을 행하시고 예루살렘 성을 쌓으소서.

시 122:6-7
예루살렘을 위하여 평안을 구하라. 예루살렘을 사랑하는 자는 형통하리로다. [7]네 성안에는 평강이 있고 네 궁중에는 형통이 있을지어다.

마 16:18
또 내가 네게 이르노니 너는 베드로라. 내가 이

반석 위에 내 교회를 세우리니 음부(陰府)의 권세 가 이기지 못하리라.

행 2:46-47

날마다 마음을 같이하여 성전에 모이기를 힘쓰고 집에서 떡을 떼며 기쁨과 순전한 마음으로 음식을 먹고 [47]하나님을 찬미하며 또 온 백성에게 칭송을 받으니 주께서 구원받는 사람을 날마다 더하게 하시니라.

행 6:7

하나님의 말씀이 점점 왕성하여 예루살렘에 있는 제자의 수가 더 심히 많아지고 허다한 제사장의 무리도 이 도(道)에 복종하니라.

행 9:31

그리하여 온 유대와 갈릴리와 사마리아 교회가 평안하여 든든히 서 가고 주를 경외함과 성령의 위로로 진행하여 수가 더 많아지니라.

3 **시** 2:1-3, 6-9

어찌하여 열방이 분노하며 민족들이 허사를 경영하는고. [2]세상의 군왕들이 나서며 관원들이 서로 꾀하여 여호와와 그 기름 받은 자를 대적하며 [3]우리가 그 맨 것을 끊고 그 결박을 벗어 버리자 하도다. [6]내가 나의 왕을 내 거룩한 산 시온에 세웠다 하시리로다. [7]내가 영을 전하노라. 여호와께서 내게 이르시되 너는 내 아들이라. 오늘날 내가 너를 낳았도다. [8]내게 구하라. 내가 열방을 유업으로 주리니 네 소유가 땅 끝까지 이르리로다. [9]네가 철장(鐵杖)으로 저희를 깨뜨림이여 질그릇같이 부수리라 하시도다.

롬 16:20

평강의 하나님께서 속히 사단을 너희 발아래서 상하게 하시리라. 우리 주 예수의 은혜가 너희에게 있을지어다.

요일 3:8

죄를 짓는 자는 마귀에게 속하나니 마귀는 처음부터 범죄함이니라. 하나님의 아들이 나타나신 것은 마귀의 일을 멸하려 하심이니라.

4 **롬** 8:22-23

피조물이 다 이제까지 함께 탄식하며 함께 고통하는 것을 우리가 아나니 [23]이뿐 아니라 또한 우리 곧 성령의 처음 익은 열매를 받은 우리까지도 속으로 탄식하여 양자(養子) 될 것 곧 우리 몸의 구속(救贖)을 기다리느니라.

고전 15:28

만물을 저에게 복종하게 하신 때에는 아들 자신도 그때에 만물을 자기에게 복종케 하신 이에게 복종케 되리니 이는 하나님이 만유의 주로서 만유 안에 계시려 하심이라.

계 22:17, 20

성령과 신부가 말씀하시기를 오라 하시는도다. 듣는 자도 오라 할 것이요 목마른 자도 올 것이요 또 원하는 자는 값없이 생명수를 받으라 하시더라. [20]이것들을 증거하신 이가 가라사대 내가 진실로 속히 오리라 하시거늘 아멘 주 예수여 오시옵소서.

제49주일

124문 : 셋째 간구는 무엇입니까?

답 : "뜻이 하늘에서 이룬 것같이
땅에서도 이루어지이다"로,
이러한 간구입니다.
"우리와 모든 사람들이
자기 자신의 뜻을 버리고,[1]
유일하게 선하신 주님의 뜻에
불평 없이 순종하게 하옵소서.[2]
그리하여 각 사람이 자신의 직분과 소명을[3]
하늘의 천사들처럼[4]
즐거이 그리고 충성스럽게
수행하게 하옵소서."

1 **마** 7:21

나더러 주여 주여 하는 자마다 천국에 다 들어갈 것이 아니요 다만 하늘에 계신 내 아버지의 뜻대로 행하는 자라야 들어가리라.

눅 9:23

또 무리에게 이르시되 아무든지 나를 따라오려거든 자기를 부인하고 날마다 제 십자가를 지고 나를 좇을 것이니라.

딛 2:11-12

모든 사람에게 구원을 주시는 하나님의 은혜가 나타나 [12]우리를 양육하시되 경건치 않은 것과 이 세상 정욕을 다 버리고 근신함과 의로움과 경건함으로 이 세상에 살고.

2 **눅** 22:42

가라사대 아버지여 만일 아버지의 뜻이어든 이 잔을 내게서 옮기시옵소서. 그러나 내 원대로 마옵시고 아버지의 원대로 되기를 원하나이다 하시니.

롬 12:2

너희는 이 세대를 본받지 말고 오직 마음을 새롭게 함으로 변화를 받아 하나님의 선하시고 기뻐하시고 온전하신 뜻이 무엇인지 분별하도록 하라.

엡 5:10

주께 기쁘시게 할 것이 무엇인가 시험하여 보라.

3 **고전** 7:22-24

주 안에서 부르심을 받은 자는 종이라도 주께 속한 자유자요 또 이와 같이 자유자로 있을 때에 부르심을 받은 자는 그리스도의 종이니라. [23]너희는 값으로 사신 것이니 사람들의 종이 되지 말라. [24]형제들아 각각 부르심을 받은 그대로 하나님과 함께 거하라.

딤전 6:1-2

무릇 멍에 아래 있는 종들은 자기 상전들을 범사

에 마땅히 공경할 자로 알지니 이는 하나님의 이름 과 교훈으로 훼방을 받지 않게 하려 함이라. [2]믿는 상전이 있는 자들은 그 상전을 형제라고 경히 여기지 말고 더 잘 섬기게 하라. 이는 유익을 받는 자들이 믿는 자요 사랑을 받는 자임이니라. 너는 이것들을 가르치고 권하라.

딛 2:4-5

저들로 젊은 여자들을 교훈하되 그 남편과 자녀를 사랑하며 [5]근신하며 순전하며 집안일을 하며 선하며 자기 남편에게 복종하게 하라. 이는 하나님의 말씀이 훼방을 받지 않게 하려 함이니라.

4 **시 103:20-22**

능력이 있어 여호와의 말씀을 이루며 그 말씀의 소리를 듣는 너희 천사여 여호와를 송축하라. [21]여호와를 봉사하여 그 뜻을 행하는 너희 모든 천군이여 여호와를 송축하라. [22]여호와의 지으심을 받고 그 다스리시는 모든 곳에 있는 너희여 여호와를 송축하라. 내 영혼아 여호와를 송축하라.

제50주일

125문 : 넷째 간구는 무엇입니까?

답 : "오늘날 우리에게 일용할 양식을 주옵소서"로,
이러한 간구입니다.
"우리의 몸에 필요한 모든 것들을 내려 주시며,[1]
그리하여 오직 주님이
모든 좋은 것의 근원임을 깨닫게 하시고,[2]
주님의 복 주심이 없이는
우리의 염려나 노력,
심지어 주님의 선물들조차도
우리에게 아무 유익이 되지 못함을
알게 하옵소서.[3]
그러므로 우리로 하여금
어떤 피조물도 의지하지 않고
오직 주님만 신뢰하게 하옵소서."[4]

1 **출 16:4**

때에 여호와께서 모세에게 이르시되 보라 내가 너희를 위하여 하늘에서 양식을 비같이 내리리니 백성이 나가서 일용할 것을 날마다 거둘 것이라. 이같이 하여 그들이 나의 율법을 준행하나 아니하나 내가 시험하리라.

시 104:27-28

이것들이 다 주께서 때를 따라 식물 주시기를 바라나이다. [28]주께서 주신즉 저희가 취하며 주께서 손을 펴신즉 저희가 좋은 것으로 만족하다가.

시 145:15-16

중생의 눈이 주를 앙망하오니 주는 때를 따라 저희에게 식물을 주시며 [16]손을 펴사 모든 생물의 소원을 만족케 하시나이다.

마 6:25-26

그러므로 내가 너희에게 이르노니 목숨을 위하여 무엇을 먹을까 무엇을 마실까 몸을 위하여 무엇을 입을까 염려하지 말라. 목숨이 음식보다 중하지 아니하며 몸이 의복보다 중하지 아니하냐? [26]공중의 새를 보라. 심지도 않고 거두지도 않고 창고에 모아들이지도 아니하되 너희 천부께서 기르시나니 너희는 이것들보다 귀하지 아니하냐.

2 **행 14:17**

그러나 자기를 증거하지 아니하신 것이 아니니 곧 너희에게 하늘로서 비를 내리시며 결실기를 주시는 선한 일을 하사 음식과 기쁨으로 너희 마음에 만족케 하셨느니라.

행 17:25

또 무엇이 부족한 것처럼 사람의 손으로 섬김을 받으시는 것이 아니니 이는 만민에게 생명과 호흡과 만물을 친히 주시는 자이심이라.

약 1:17

각양 좋은 은사와 온전한 선물이 다 위로부터 빛들의 아버지께로서 내려오나니 그는 변함도 없으시고 회전하는 그림자도 없으시니라.

3 **신** 8:3

너를 낮추시며 너로 주리게 하시며 또 너도 알지 못하며 네 열조도 알지 못하던 만나를 네게 먹이신 것은 사람이 떡으로만 사는 것이 아니요 여호와의 입에서 나오는 모든 말씀으로 사는 줄을 너로 알게 하려 하심이니라.

시 37:3-7, 16-17

여호와를 의뢰하여 선을 행하라. 땅에 거하여 그의 성실로 식물을 삼을지어다. [4]또 여호와를 기뻐하라. 저가 네 마음의 소원을 이루어 주시리로다. [5]너의 길을 여호와께 맡기라. 저를 의지하면 저가 이루시고 [6]네 의를 빛같이 나타내시며 네 공의를 정오의 빛같이 하시리로다. [7]여호와 앞에 잠잠하고 참아 기다리라. 자기 길이 형통하며 악한 꾀를 이루는 자를 인하여 불평하여 말지어다. [16]의인의 적은 소유가 많은 악인의 풍부함보다 승하도다. [17]악인의 팔은 부러지나 의인은 여호와께서 붙드시는도다.

시 127:1-2

여호와께서 집을 세우지 아니하시면 세우는 자의 수고가 헛되며 여호와께서 성을 지키지 아니하시면 파숫군의 경성(警醒)함이 허사로다. [2]너희가 일찍이 일어나고 늦게 누우며 수고의 떡을 먹음이 헛되도다. 그러므로 여호와께서 그 사랑하시는 자에게는 잠을 주시는도다.

고전 15:58

그러므로 내 사랑하는 형제들아 견고하며 흔들리지 말며 항상 주의 일에 더욱 힘쓰는 자들이 되라. 이는 너희 수고가 주 안에서 헛되지 않은 줄을 앎이니라.

4 **시** 55:22

네 짐을 여호와께 맡겨 버리라. 너를 붙드시고 의인의 요동함을 영영히 허락지 아니하시리로다.

시 62:10

포학을 의지하지 말며 탈취한 것으로 허망하여지지 말며 재물이 늘어도 거기 치심(置心)치 말지어다.

시 146:3-4

방백들을 의지하지 말며 도울 힘이 없는 인생도 의지하지 말지니 [4]그 호흡이 끊어지면 흙으로 돌아가서 당일에 그 도모가 소멸하리로다.

렘 17:5, 7

나 여호와가 이같이 말하노라. 무릇 사람을 믿으며 혈육으로 그 권력을 삼고 마음이 여호와에게서 떠난 그 사람은 저주를 받을 것이라. [7]그러나 무릇 여호와를 의지하며 여호와를 의뢰하는 그 사람은 복을 받을 것이라.

히 13:5-6

돈을 사랑치 말고 있는 바를 족한 줄로 알라. 그가 친히 말씀하시기를 내가 과연 너희를 버리지 아니하고 과연 너희를 떠나지 아니하리라 하셨느니라. [6]그러므로 우리가 담대히 가로되 주는 나를 돕는 자시니 내가 무서워 아니하겠노라. 사람이 내게 어찌하리요 하노라.

제51주일

126문 : 다섯째 간구는 무엇입니까?

답 : "우리가 우리에게 죄지은 자를 사하여 준 것같이
우리 죄를 사하여 주옵소서" 로,
이러한 간구입니다.
"주의 은혜의 증거가 우리 안에 있어서
우리가 이웃을 용서하기로
굳게 결심하는 것처럼,[1]
그리스도의 보혈을 보시사
우리의 모든 죄과(罪過)와
아직도 우리 안에 있는 부패를
불쌍한 죄인인 우리에게 돌리지 마옵소서."[2]

1 **마 6:14-15**

너희가 사람의 과실을 용서하면 너희 천부께서도 너희 과실을 용서하시려니와 [15]너희가 사람의 과실을 용서하지 아니하면 너희 아버지께서도 너희 과실을 용서하지 아니하시리라.

마 18:21-22, 35

그때에 베드로가 나아와 가로되 주여 형제가 내게 죄를 범하면 몇 번이나 용서하여 주리이까? 일곱 번까지 하오리이까? [22]예수께서 가라사대 네게 이르노니 일곱 번뿐 아니라 일흔 번씩 일곱 번이라도 할지니라. [35]너희가 각각 중심으로 형제를 용서하지 아니하면 내 천부께서도 너희에게 이와 같이 하시리라.

2 **시 51:1**

하나님이여 주의 인자를 좇아 나를 긍휼히 여기시며 주의 많은 자비를 좇아 내 죄과를 도말(塗抹)하소서.

시 143:2

주의 종에게 심판을 행치 마소서. 주의 목전에는 의로운 인생이 하나도 없나이다.

롬 8:1

그러므로 이제 그리스도 예수 안에 있는 자에게는 결코 정죄함이 없나니.

요일 2:1

나의 자녀들아 내가 이것을 너희에게 씀은 너희로 죄를 범치 않게 하려 함이라. 만일 누가 죄를 범하면 아버지 앞에서 우리에게 대언자(代言者)가 있으니 곧 의로우신 예수 그리스도시라.

제52주일

127문 : 여섯째 간구는 무엇입니까?

답 : 우리를 시험에 들지 말게 하옵시며
다만 악에서 구하옵소서"로,
이러한 간구입니다.
"우리 자신만으로는 너무나 연약하여
우리는 한 순간도 스스로 설 수 없사오며,[1]
우리의 불구대천(不俱戴天)의 원수인
마귀와[2] 세상과[3] 우리의 육신은[4]
끊임없이 우리를 공격하나이다.
그러하므로 주의 성신의 힘으로
우리를 친히 붙드시고 강하게 하셔서,
우리가 이 영적 전쟁에서
패하여 거꾸러지지 않고,[5]
마침내 완전한 승리를 얻을 때까지
우리의 원수에 대해
항상 굳세게 대항하게 하시옵소서."[6]

128문 : 당신은 이 기도를 어떻게 마칩니까?

답 : "대개(大蓋) 나라와 권세와 영광이
아버지께 영원히 있사옵나이다"로,
이러한 간구입니다.
"주님은 우리의 왕이시고
만물에 대한 권세를 가진 분으로서
우리에게 모든 좋은 것을 주기 원하시며
또한 주실 수 있는 분이기 때문에
우리는 이 모든 것을 주님께 구하옵니다.[7]

이로써 우리가 아니라
주님의 거룩한 이름이
영원히 영광을 받으시옵소서."[8]

129문 : "아멘"이라는 이 짧은 말은 무엇을 뜻합니까?
답 : "아멘"은 참되고 확실하다는 뜻입니다.
내가 하나님께 이런 것들을 소원하는 심정보다도
더 확실하게
하나님께서는 내 기도를 들으십니다.[9]

1 **시 103:14-16**
이는 저가 우리의 체질을 아시며 우리가 진토임을 기억하심이로다. [15]인생은 그 날이 풀과 같으며 그 영화가 들의 꽃과 같도다. [16]그것은 바람이 지나면 없어지나니 그곳이 다시 알지 못하거니와.

요 15:5
나는 포도나무요 너희는 가지니 저가 내 안에, 내가 저 안에 있으면 이 사람은 과실을 많이 맺나니 나를 떠나서는 너희가 아무것도 할 수 없음이라.

2 **고후 11:14**
이것이 이상한 일이 아니라 사단도 자기를 광명의 천사로 가장하나니.

엡 6:12
우리의 씨름은 혈과 육에 대한 것이 아니요 정사(政事)와 권세와 이 어두움의 세상 주관자들과 하늘에 있는 악의 영들에게 대함이라.

벧전 5:8
근신하라. 깨어라. 너희 대적 마귀가 우는 사자같이 두루 다니며 삼킬 자를 찾나니.

3 **요 15:19**
너희가 세상에 속하였으면 세상이 자기의 것을 사랑할 터이나 너희는 세상에 속한 자가 아니요 도리어 세상에서 나의 택함을 입은 자인 고로 세상이 너희를 미워하느니라.

요일 2:15-16
이 세상이나 세상에 있는 것들을 사랑치 말라. 누구든지 세상을 사랑하면 아버지의 사랑이 그 속에 있지 아니하니 [16]이는 세상에 있는 모든 것이 육신의 정욕과 안목의 정욕과 이생의 자랑이니 다 아버지께로 좇아 온 것이 아니요 세상으로 좇아 온 것이라.

4 **롬 7:23**
내 지체(肢體) 속에서 한 다른 법이 내 마음의 법과 싸워 내 지체 속에 있는 죄의 법 아래로 나를 사로잡아 오는 것을 보는도다.

갈 5:17
육체의 소욕은 성령을 거스리고 성령의 소욕은 육체를 거스리나니 이 둘이 서로 대적함으로 너희의 원하는 것을 하지 못하게 하려 함이니라.

5 **마 10:19-20**
너희를 넘겨줄 때에 어떻게 또는 무엇을 말할까 염려치 말라. 그때에 무슨 말 할 것을 주시리니 [20]말하는 이는 너희가 아니라 너희 속에서 말씀하시는 자 곧 너희 아버지의 성령이시니라.

마 26:41
시험에 들지 않게 깨어 있어 기도하라. 마음에는 원이로되 육신이 약하도다.

막 13:33
주의하라. 깨어 있으라. 그때가 언제인지 알지 못함이니라.

고전 10:12-13
그런즉 선 줄로 생각하는 자는 넘어질까 조심하라. [13]사람이 감당할 시험밖에는 너희에게 당한 것이 없나니 오직 하나님은 미쁘사 너희가 감당치 못할 시험 당함을 허락지 아니하시고 시험당할 즈음에 또한 피할 길을 내사 너희로 능히 감당하게 하시느니라.

6 **롬** 8:13

너희가 육신대로 살면 반드시 죽을 것이로되 영으로써 몸의 행실을 죽이면 살리니.

살전 3:13

너희 마음을 굳게 하시고 우리 주 예수께서 그의 모든 성도와 함께 강림하실 때에 하나님 우리 아버지 앞에서 거룩함에 흠이 없게 하시기를 원하노라.

살전 5:23

평강의 하나님이 친히 너희로 온전히 거룩하게 하시고 또 너희 온 영과 혼과 몸이 우리 주 예수 그리스도 강림하실 때에 흠 없게 보전되기를 원하노라.

약 4:7

그런즉 너희는 하나님께 순복할지어다. 마귀를 대적하라. 그리하면 너희를 피하리라.

요일 2:15

이 세상이나 세상에 있는 것들을 사랑치 말라. 누구든지 세상을 사랑하면 아버지의 사랑이 그 속에 있지 아니하니.

7 **대상** 29:10-12

다윗이 온 회중 앞에서 여호와를 송축하여 가로되 우리 조상 이스라엘의 하나님 여호와여 주는 영원히 송축을 받으시옵소서. [11]여호와여 광대하심과 권능과 영광과 이김과 위엄이 다 주께 속하였사오니 천지에 있는 것이 다 주의 것이로소이다. 여호와여 주권도 주께 속하였사오니 주는 높으사 만유의 머리심이니이다. [12]부와 귀가 주께로 말미암고 또 주는 만유의 주재가 되사 손에 권세와 능력이 있사오니 모든 자를 크게 하심과 강하게 하심이 주의 손에 있나이다.

롬 10:11-13

성경에 이르되 누구든지 저를 믿는 자는 부끄러움을 당하지 아니하리라 하니 [12]유대인이나 헬라인이나 차별이 없음이라. 한 주께서 모든 사람의 주가 되사 저를 부르는 모든 사람에게 부요하시도다. [13]누구든지 주의 이름을 부르는 자는 구원을 얻으리라.

벧후 2:9

주께서 경건한 자는 시험에서 건지시고 불의한 자는 형벌 아래 두어 심판 날까지 지키시며.

8 **단** 7:14, 27

그에게 권세와 영광과 나라를 주고 모든 백성과 나라들과 각 방언하는 자로 그를 섬기게 하였으니 그 권세는 영원한 권세라 옮기지 아니할 것이요 그 나라는 폐하지 아니할 것이니라. [27]나라와 권세와 온 천하 열국의 위세가 지극히 높으신 자의 성민(聖民)에게 붙인 바 되리니 그의 나라는 영원한 나라이라. 모든 권세 있는 자가 다 그를 섬겨 복종하리라.

시 115:1

여호와여 영광을 우리에게 돌리지 마옵소서. 우리에게 돌리지 마옵소서. 오직 주의 인자하심과 진실하심을 인하여 주의 이름에 돌리소서.

렘 33:8-9

내가 그들을 내게 범한 그 모든 죄악에서 정(淨)하게 하며 그들의 내게 범하며 행한 모든 죄악을 사할 것이라. [9]이 성읍이 세계 열방 앞에서 내게 기쁜 이름이 될 것이며 찬송과 영광이 될 것이요 그들은 나의 이 백성에게 베푼 모든 복을 들을 것이요 나의 이 성읍에 베푼 모든 복과 모든 평강을 인하여 두려워하며 떨리라.

요 14:13

너희가 내 이름으로 무엇을 구하든지 내가 시행하리니 이는 아버지로 하여금 아들을 인하여 영광을 얻으시게 하려 함이라.

계 5:12

큰 음성으로 가로되 죽임을 당하신 어린양이 능력과 부와 지혜와 힘과 존귀와 영광과 찬송을 받으시기에 합당하도다 하더라.

9 **사** 65:24

그들이 부르기 전에 내가 응답하겠고 그들이 말을 마치기 전에 내가 들을 것이며.

고후 1:20

하나님의 약속은 얼마든지 그리스도 안에서 예가 되니 그런즉 그로 말미암아 우리가 아멘 하여 하나님께 영광을 돌리게 되느니라.

딤후 2:13

우리는 미쁨이 없을지라도 주는 일향 미쁘시니 자기를 부인하실 수 없으시리라.

계 3:14

라오디게아 교회의 사자에게 편지하기를 아멘이시요 충성되고 참된 증인이시요 하나님의 창조의 근본이신 이가 가라사대.

성구 색인

I. 본문 성구 색인

II. 종합 성구 색인

창세기

출애굽기

레위기

민수기

신명기

잠언

전도서

이사야

예레미야

마가복음

누가복음

요한복음

사도행전

로마서

22:8-9/ 94문
22:17,20/ 123문